ロシア・ビジネスと
ロシア法

弁護士 松嶋希会 著

商事法務

はしがき

　「人口１億4,000万人、中長期的に成長が見込まれる市場」。ロシア市場の説明である。市場経済ロシアとして歩み出した25年前と現在を比較すると発展は目覚ましく、しかし、その過程は継続的な前進というよりはアップ・ダウンの繰り返しである。産業ごとの成長速度は一様ではなく、老朽化したインフラの刷新を待つ産業もあれば、IT 産業など、基盤がないゆえに一足飛びに先端レベルに向かう産業もある。労働法制には「ソ連」が色濃く残るが、絶えず変化するビジネス環境を支えるためにビジネス法は頻繁に改正され日々「進化」している。日本の45倍の国土には、モスクワを含む西側に１億人市場があり、東側には東京から２時間の飛行で到着する極東市場がある。このように、隣国ロシア「人口１億4,000万人、中長期的に成長が見込まれる市場」には多様な市場・ビジネス環境が混在し、今後もアップ・ダウンを続けながら成長していくものと思われる。

　筆者は、2010年から７年間、モスクワにおいて日本企業のロシア・ビジネスを支援し、日本企業とともにロシア経済の浮き沈みを経験した。日本企業からの問合せは時勢を反映し、経済上昇期には乗り遅れまいと M&A や合弁事業の質問が、経済停滞期には耐え抜くために債権回収や人員削減の質問が多く寄せられた。本書は、それらの質問をもとにまとめたものである。ロシア・ビジネスを始める方々の一助になれば幸いである。

　最後に、本書の刊行にご助力いただいた株式会社商事法務の方々に、厚く感謝申し上げる。

2017年７月

弁護士　松嶋希会

目　次

第1章　ロシア企業について調べる

◇1　ロシア・ビジネスの事情 ……………………………………………2
　　(1)　複雑な企業グループ　2
　　(2)　複雑な取引ストラクチャー　3
　　(3)　財務関連書面　4
　　(4)　要注意会社　5
◇2　会社の基本情報 ……………………………………………………6
　　(1)　ロシア法人登記制度　6
　　(2)　法人登記情報　7
　　(3)　法人登記情報の信用性　8
　　(4)　法人登記情報の取得方法　9
　　(5)　定款　13
　　(6)　外国法人の支店・駐在員事務所の登録情報　14
◇3　ロシア会社に関する情報を取得できるインターネット
　　サイト ……………………………………………………………14
　　(1)　法人の活動　15
　　(2)　公告事項　18
　　(3)　登記内容変更などを申請した法人　19
　　(4)　法人登記簿から削除される可能性のある法人　19
　　(5)　多数法人が登記している住所 (マス・レジストレーション
　　　　住所)　20
　　(6)　税金を滞納している法人・1年以上税務申告をしていな
　　　　い法人　21

⑺　国家入札・「バッド・サプライヤー」　21

⑻　納税額　22

⑼　財務諸表　23

⑽　従業員数　24

⑾　資格制限者・資格制限者が代表者に就任している法人　24

⑿　複数法人の代表者に就任している個人・複数法人を所有している個人　25

⒀　無関係な会社の代表者・出資者（株主）に登記されている者　25

⒁　委任状の公証・委任状の撤回　26

⒂　パスポートの失効　26

⒃　動産担保　26

⒄　裁判手続　27

⒅　執行手続　27

⒆　倒産事件　27

第 2 章　　ロシア企業と契約する

◇ 1　ロシア企業の代表者・代理人⋯⋯⋯⋯⋯⋯⋯⋯⋯⋯⋯⋯⋯29

　⑴　会社の代表者　30

　⑵　会社の代理人　32

◇ 2　国際送金による決済⋯⋯⋯⋯⋯⋯⋯⋯⋯⋯⋯⋯⋯⋯⋯⋯⋯35

　⑴　ロシアにおける国際送受金手続　35

　⑵　ロシア企業の代金回収・前払金回収の義務　36

◇ 3　技術援助契約⋯⋯⋯⋯⋯⋯⋯⋯⋯⋯⋯⋯⋯⋯⋯⋯⋯⋯⋯⋯40

　⑴　ロシア企業への技術援助　40

　⑵　特許・商標のライセンス　41

(3) ノウハウのライセンス　41

第3章　ロシア企業への取引債権を保全する

◇1　所有権留保販売……………………………………………45
◇2　親会社・関連会社による保証………………………………46
　(1)　保証　47
　(2)　独立保証　47
◇3　銀行による保証………………………………………………48
◇4　取引企業・関連会社による担保提供………………………49
　(1)　担保制度　49
　(2)　製造設備などの一般動産　52
　(3)　在庫などの集合動産　54
　(4)　不動産　55
　(5)　銀行預金　55
◇5　オーナーなどの個人による保証・担保提供………………56
　(1)　個人が保証人となる場合　56
　(2)　個人が自動車や不動産を担保として提供する場合　56
◇6　取引企業の倒産………………………………………………57
　(1)　一般企業の倒産事件の概要　57
　(2)　倒産事件の始まり　60
　(3)　倒産事件情報の確認・取得　62
　(4)　債権の地位の確認　64
　(5)　倒産企業の親会社の責任　66
　(6)　詐害行為・偏頗行為の否認　67

目次　　*v*

第4章　ロシアに進出する

◇1　拠点形態の選択‥‥‥‥‥‥‥‥‥‥‥‥‥‥‥‥‥‥‥‥‥‥69
　⑴　会社　70
　⑵　支店　71
　⑶　駐在員事務所　71
　⑷　運営事務・行政監査　72

◇2　拠点の開設‥‥‥‥‥‥‥‥‥‥‥‥‥‥‥‥‥‥‥‥‥‥‥‥74
　⑴　有限責任会社の設立　74
　⑵　支店・駐在員事務所の開設　76

◇3　拠点の閉鎖‥‥‥‥‥‥‥‥‥‥‥‥‥‥‥‥‥‥‥‥‥‥‥‥77
　⑴　会社の清算　77
　⑵　支店・駐在員事務所の閉鎖　78

◇4　既存会社・既存事業の買収‥‥‥‥‥‥‥‥‥‥‥‥‥‥‥‥‥79
　⑴　事前の調査　79
　⑵　新株の引受・出資　80
　⑶　株式・持分の譲受け　81
　⑷　資産の買収　83

◇5　合弁会社（ジョイント・ベンチャー）‥‥‥‥‥‥‥‥‥‥‥83
　⑴　協議・交渉を始める前の確認事項　84
　⑵　合弁ストラクチャー（合弁会社の設立国）　84
　⑶　合弁会社の組成方法（オンショア・スキーム）　86
　⑷　合弁会社に関する契約（オンショア・スキーム）　86
　⑸　合弁契約に付随する契約・アレンジ　90
　⑹　出口戦略・持分の将来譲渡　91

第5章　ロシア会社を運営する

◇1　有限責任会社‥‥‥‥‥‥‥‥‥‥‥‥‥‥‥‥‥‥‥‥‥‥‥‥95
　⑴　株式会社との相違　　95
　⑵　商事会社との相違　　96

◇2　投資額と資金調達方法‥‥‥‥‥‥‥‥‥‥‥‥‥‥‥‥‥97
　⑴　定款資本金　　97
　⑵　親会社からの資金調達　　98

◇3　会社の機関‥‥‥‥‥‥‥‥‥‥‥‥‥‥‥‥‥‥‥‥‥‥‥100
　⑴　社員総会　　101
　⑵　単独執行機関（代表者）　　103
　⑶　監督役員会　　104
　⑷　監査委員会・監査委員　　106

◇4　代表者の対外取引権限の制限‥‥‥‥‥‥‥‥‥‥‥‥106
　⑴　法律が制限を定める取引：大規模取引　　106
　⑵　法律が制限を定める取引：利益相反取引　　110
　⑶　定款、社内規則または労働契約が制限を定める取引
　　　　111
　⑷　共同代表者が単独で行った取引　　112

◇5　出資者の責任‥‥‥‥‥‥‥‥‥‥‥‥‥‥‥‥‥‥‥‥‥112

第6章　ロシア従業員を解雇する

◇1　雇用形態‥‥‥‥‥‥‥‥‥‥‥‥‥‥‥‥‥‥‥‥‥‥‥115
　⑴　正規雇用・非正規雇用　　115
　⑵　人材派遣　　116
　⑶　民事法令上の契約に基づく就労　　117

(4) 兼業　117

◇2　人事管理に関する書面···118

◇3　労働契約終了の概要···120

(1) 当事者の意思による終了　120

(2) 有期労働契約の終了　120

(3) 労働契約終了に際しての手続　121

◇4　雇用者による労働契約の終了（解雇）が認められない従
　　業員···121

(1) 妊娠中の女性　121

(2) 幼児がいる女性など　121

◇5　懲戒解雇···123

(1) 懲戒処分　123

(2) 懲戒解雇事由　124

(3) 能力の欠如　126

◇6　人員削減による解雇···127

(1) 事前検討事項　127

(2) 人員削減手続の実施　129

(3) 退職金の支払い　130

(4) 労働組合がある場合　131

◇7　会社清算による解雇···131

◇8　会社代表者との労働契約の終了································132

◇9　業務評価が低い一般従業員との労働契約の終了··········133

第7章　　ロシアに日本人を派遣する

◇1　外国人の就労···137

(1) 外国人就労の制限　137

(2) 外国人就労の要件　138

viii　　　目次

⑶　不法就労に対する罰則　139

◇2　子会社などロシア拠点への日本人の派遣⋯⋯⋯⋯⋯⋯140

⑴　代表者などへの就任　140

⑵　二重雇用　141

◇3　プロジェクトに基づく日本人の派遣⋯⋯⋯⋯⋯⋯⋯⋯141

⑴　労働許可等の取得　141

⑵　ロシアでの納税　142

⑶　日本人派遣のストラクチャー　144

第8章　ロシア企業との紛争を予防・解決する

◇1　ロシア「弁護士」への依頼⋯⋯⋯⋯⋯⋯⋯⋯⋯⋯⋯⋯146

⑴　民事法律事務の依頼　147

⑵　訴訟代理の依頼　148

⑶　法律事務・訴訟代理の規制　149

⑷　弁護士の資格・地位　152

◇2　公証制度の利用⋯⋯⋯⋯⋯⋯⋯⋯⋯⋯⋯⋯⋯⋯⋯⋯153

⑴　公証人業務　154

⑵　公証人の資格・地位　157

◇3　ロシア裁判所での紛争解決⋯⋯⋯⋯⋯⋯⋯⋯⋯⋯⋯⋯158

⑴　ロシア裁判制度　158

⑵　通常裁判所での紛争解決　159

⑶　商事裁判所での紛争解決　160

⑷　裁判官の資格・地位　163

⑸　最上級裁判所の統合・訴訟法の統合　165

◇4　ロシア仲裁機関での紛争解決⋯⋯⋯⋯⋯⋯⋯⋯⋯⋯⋯167

⑴　仲裁制度の改革　168

⑵　仲裁機関の設立要件　168

(3) 仲裁により解決できる紛争　169

◇5　外国裁判所での紛争解決……………………………………171

◇6　外国仲裁機関での紛争解決……………………………………173

凡　例

条約	
ニューヨーク条約	外国仲裁判断の承認及び執行に関する条約（ロシアは1958年12月29日署名）
ミンスク条約	民事事件、家事事件および刑事事件に関する司法共助に関する条約（1993年1月22日）
キエフ条約	独立国家共同体協定「事業活動の実施に関する紛争解決手続について」（1992年3月20日）
日露租税条約	所得に対する租税に関する二重課税の回避のための日本国政府とソヴィエト社会主義共和国連邦政府との間の条約（1986年1月18日）

法律	
憲法	1993年12月12日付ロシア連邦憲法
最高裁判所法	2014年2月5日付連邦憲法的法律第3-ФКЗ号「ロシア連邦最高裁判所について」
民法	1994年11年30日付連邦法第51-ФЗ号ロシア連邦民法典（第一部） 2001年11月26日付連邦法第146-ФЗ号ロシア連邦民法典（第三部） 2006年12月18日付連邦法第230-ФЗ号ロシア連邦民法典（第四部）
刑事訴訟法	2001年12月18日付連邦法第174-ФЗ号ロシア連邦刑事訴訟法典
労働法	2001年12月30日付連邦法第197-ФЗ号ロシア連邦労働法典
民事訴訟法	2002年11月14日付連邦法第138-ФЗ号ロシア連邦民事訴訟法典
商事訴訟法	2002年7月24日付連邦法第95-ФЗ号ロシア連邦商事訴訟法典

税法	1998年7月31日付連邦法第146-ФЗ号税法典（第一部） 2000年8月5日付連邦法第117-ФЗ号税法典（第二部）
行政罰法	2001年12月30日付連邦法第195-ФЗ号行政法規違反に関する ロシア連邦法典
行政事件手続法	2015年8月8日付連邦法第21-ФЗ号ロシア連邦行政事件手続法典
銀行法	1990年12月2日付連邦法第395-1号「銀行および銀行業務について」
国民就労法	1991年4月19日付ロシア連邦法律第1032-1号「ロシア連邦における国民就労について」
公証法	1993年2月11日付基本法令第4462-1号「公証について」
国際商事仲裁法	1993年7月7日付ロシア連邦法律第5338-1号「国際商事仲裁について」
株式会社法	1995年12月26日付連邦法第208-ФЗ号「株式会社について」
出入国法	1996年8月1日付連邦法第114-ФЗ号「ロシア連邦からの出国手続およびロシア連邦への入国手続について」
ファイナンスリース法	1998年10月29日付連邦法第164-ФЗ号「ファイナンスリースについて」
有限責任会社法	1998年2月8日付連邦法第14-ФЗ号「有限責任会社・補充責任会社について」
抵当法	1998年7月16日付連邦法第102-ФЗ号「抵当（不動産担保）について」
外国投資法	1999年7月9日付連邦法第160-ФЗ号「ロシア連邦における外国投資について」
法人登記法	2001年8月8日付連邦法第129-ФЗ号「法人および個人事業者の国家登記について」
弁護士法	2002年5月31日付連邦法第63-ФЗ号「ロシア連邦における弁護士活動について」
第三者裁判所法	2002年7月24日付連邦法第102-ФЗ号「ロシア連邦における第三者裁判所について」
外国人法	2002年7月25日付連邦法第115-ФЗ号「ロシア連邦における外国籍者の法的地位について」

倒産法	2002年10月26日付連邦法第127-Ф3号「倒産について」
外国為替法	2003年12月10日付連邦法第173-Ф3号「外国為替規制および監督について」
営業秘密法	2004年7月29日付連邦法第98-Ф3号「営業秘密について」
競争保護法	2006年7月26日付連邦法第135-Ф3号「競争保護について」
中小企業法	2007年7月24日付連邦法第209-Ф3号「ロシア連邦における中小企業の発展について」
執行法	2007年10月2日付連邦法第229-Ф3号「執行手続について」
戦略産業法	2008年4月29日付連邦法第57-Ф3号「国防において戦略的意義を有する企業に対する外国投資手続について」
行政監査法	2008年12月26日付連邦法第294-Ф3号「行政監査における法人および個人事業者の権利保護について」
監査法	2008年12月30日付連邦法第307-Ф3号「監査活動について」
投資組合法	2011年11月28日付連邦法第335-Ф3号「投資組合について」
商事会社法	2011年12月3日付連邦法第380-Ф3号「商事会社について」
会計法	2011年12月6日付連邦法第402-Ф3号「会計について」
国家調達法	2013年4月5日付連邦法第44-Ф3号「国家・地方自治体の供給確保のための、商品・労務・役務の調達における監督体制について」
仲裁法	2015年12月29日付連邦法第382-Ф3号「ロシア連邦における仲裁について」

上級裁判所総会決議	
2009年3月26日付最高裁判所総会決議第5号・最高商事裁判所総会決議第29号	2009年3月26日付ロシア連邦最高裁判所総会決議第5号・ロシア連邦最高商事裁判所総会決議第29号「ロシア連邦民法典第四部の施行に関し生じる問題について」
2010年4月29日付最高裁判所総会決議第10号・最高商事裁判所総会決議第12号	2010年4月29日付ロシア連邦最高裁判所総会決議第10号・ロシア連邦最高商事裁判所総会決議第12号「所有権およびその他の物権の保護に関する紛争解決の裁判実務において問題について」

2003年1月20日付最高裁判所総会決議第2号	2003年1月20日付ロシア連邦最高裁判所総会決議第2号「ロシア連邦民事訴訟法の施行・適用に関して生じる問題について」
2004年3月17日付最高裁判所総会決議第2号	2004年3月17日付ロシア連邦最高裁判所総会決議第2号「ロシア連邦裁判所によるロシア連邦労働法典の適用について」
2012年5月29日付最高裁判所総会決議第9号	2012年5月29日付ロシア連邦最高裁判所総会決議第9号「相続事件に関する裁判実務について」
2014年1月28日付最高裁判所総会決議第1号	2014年1月28日付ロシア連邦最高裁判所総会決議第1号「女性、扶養義務者および未成年者の就労を定める法令の適用について」
2015年6月2日付最高裁判所総会決議第21号	2015年6月2日付ロシア連邦最高裁判所総会決議第21号「組織代表者および組織合議体執行機関構成員の労働を規制する法令の適用に際し裁判所において生じる問題について」
2015年6月23日付最高裁判所総会決議第25号	2015年6月23日付ロシア連邦最高裁判所総会決議第25号「ロシア連邦民法典第一部の裁判所による適用について」
2009年7月23日付最高商事裁判所総会決議第58号	2009年7月23日付ロシア連邦最高商事裁判所総会決議第58号「担保権設定者の倒産における被担保債権の弁済に関する問題について」
2009年7月23日付最高商事裁判所総会決議第63号	2009年7月23日付ロシア連邦最高商事裁判所総会決議第63号「倒産事件における共益債権について」
2010年12月23日付最高商事裁判所総会決議第63号	2010年12月23日付ロシア連邦最高商事裁判所総会決議第63号「連邦法『倒産について』第3章の適用に関する問題について」

2012年6月22日付最高商事裁判所総会決議第35号	2012年6月22日付ロシア連邦最高商事裁判所総会決議第35号「倒産事件の審理に関する手続上の問題について」
2012年7月12日付最高商事裁判所総会決議第42号	2012年7月12日付ロシア連邦最高商事裁判所総会決議第42号「保証に関する紛争解決における問題について」
2014年5月16日付最高商事裁判所総会決議第28号	2014年5月16日付ロシア連邦最高商事裁判所総会決議第28号「大規模取引および利益相反取引に関する問題について」

省庁令	
1993年2月5日付政府決定第99号	1993年2月5日付ロシア連邦政府決定第99号「大量解雇における協同について」
1995年4月15日付政府決定第344号	1995年4月15日付ロシア連邦政府決定第344号「ロシアにおける有償法律サービスの提供業務に関するライセンス規則の承認について」
2002年5月17日付政府決定第319号	2002年5月17日付ロシア連邦政府決定第319号「法人、農業企業、個人事業者の国家登記を行う行政機関について」
2002年10月11日付政府決定第755号	2002年10月11日付ロシア連邦政府決定第755号「外国籍者が就労することができない事業・組織の一覧の承認について」
2014年4月15日付政府決定第312号	2014年4月15日付ロシア連邦政府決定第312号「ロシア連邦国家プログラム『司法』の承認について」
2016年12月8日付政府決定第1315号	2016年12月8日付ロシア連邦政府決定第1315号「ロシア連邦領域における各経済分野で活動する事業体が2017年に雇用することができる外国籍労働者の割合の設定について」

2003年12月27日付共同指令：外務省令第19723A号・内務省令第1048号・国防局令第922号	2003年12月27日付共同指令：ロシア連邦外務省令第19723A号・ロシア連邦内務省令第1048号・ロシア連邦国防局令第922号「外国籍者および無国籍者への招待状および査証の発効に際してロシア連邦当局が用いる入国目的一覧の承認について」
2013年12月5日付財務省令第115н号	2013年12月5日付ロシア連邦財務省令第115н号 「連邦租税局公式サイトに掲載すべき法人・個人事業者・農業企業の国家登記の情報および掲載手続の承認について」
2007年5月30日付連邦租税局令第 MM-3-06/333@号	2007年5月30日付連邦租税局令第 MM-3-06/333@号「実地税務調査の計画制度コンセプトの承認について」
2016年2月11日付連邦租税局令第 MMB-7-14/72@号	2016年2月11日付連邦租税局令第 MMB-7-14/72@号「法人登記法9条4.2項の定める措置、手続などの実施事由、実施条件および実施手続の承認について」

当局意見書など

2013年10月28日付財務省意見書第03-03-06/1/45463号

2010年2月11日付連邦租税局意見書第3-7-07/84号

2010年11月23日付連邦関税局意見書第01-11/56802号

2015年12月24日付連邦独占禁止局意見書第 ИА/74666/15号

2012年6月4日付中央銀行指令第138-И号

裁判

2004年7月16日付憲法裁判所判決第15-P号

2011年12月15日付憲法裁判所判決第28-П号

2007年5月15日付最高商事裁判所監督審判決第15780/06号第 A 45-6947/06-33/290号事件

2010年3月30日付最高商事裁判所監督審判決第1597/09号第 A 76-23305/2008-5-505/37号事件

2012年12月4日付最高商事裁判所監督審判決第8989/12号第 A28-5775/2011-223/12号事件
2009年12月7日付最高商事裁判所決定第 BAC-13688/09号第 A41-9613/09号事件
2012年7月26日付最高商事裁判所決定第 BAC-6580/12号第 A40-119397/11-63-950号事件
2008年12月26日付ヴォルガ・ヴャトカ管区商事裁判所破毀審判決第 A43-11603/2006-36-641/2号事件
2013年9月16日付西シベリア管区商事裁判所破毀審判決第 A27-12494/2012号事件
2014年10月16日付北西管区商事裁判所破毀審判決第 A56-72688/2013号事件
2015年3月25日付モスクワ管区商事裁判所破毀審判決第 A41-47485/2014号事件
2017年2月9日付北西管区商事裁判所破毀審判決第 A56-39302/2016号事件
2017年3月6日付モスクワ管区商事裁判所破毀審判決第 A40-106765/14号事件
2010年10月18日付第三控訴商事裁判所控訴審判決第 A69-798/2006号事件
2011年6月28日付モスクワ市商事裁判所決定第 A40-35844/11-69-311号事件

第1章　ロシア企業について調べる

　適切な「パートナー」を選定することがビジネス成功の重要な要素であることは、ロシア・ビジネスでも変わりない。取引に入る前に、パートナー候補について情報を収集しどのような企業なのか理解しなければならない。

　合弁事業パートナー、総合販売店、規模の大きい継続的な取引のパートナー、技術援助先などの候補企業については、専門の調査会社の活用が推奨される。一般取引では、ロシア現地に拠点がありロシア人従業員がいる場合などロシア語情報を扱えるのであれば、ロシア政府が提供する各種データベースが役に立つ。専門調査会社によるほどの深度の調査は難しいが、一定程度パートナー候補を知ることができる。ロシア語情報を扱えない場合、調査会社や情報提供会社に調査・英語報告書の提出を依頼することになる。

　ロシア政府は、ビジネス・パートナーの選定に利用してもらうために、上場・非上場を問わず、企業に関する様々な情報をデータベース化しインターネットサイトで公開する取組みを進めている。特に、法人登記機関でもある連邦租税局は、そのサイトで「ビジネスリスク：自社および取引相手を調べましょう」と各種データベースを紹介している。特定サイトでの情報公開に法的効果が与えられている場合もあるので注意が必要である。

◇1　ロシア・ビジネスの事情

　ロシア当局が提供しているデータベースは、ロシア・ビジネスの特徴を現しているが、一方で、ロシア・ビジネスの事情を知らないと有効にデータベースを活用できない。また、専門調査会社に調査を依頼したとしても、ロシア・ビジネスの事情を知らないと、その調査結果をどのように評価すべきか迷うことがあるかと思われる。

(1)　複雑な企業グループ

　ロシア企業の企業調査を実施すると、複雑な企業グループが浮かび上がってくることが往々にしてある。日本人が考える「企業グループ」のように、複数の会社が資本関係でグループを形成しているほか、「人」を通して会社が繋がっているグループも多い。たとえば、家族・友人がそれぞれ会社を所有している場合や、それぞれの会社の出資者は異なるが、同一人物が全ての会社の社長を務めている場合がある。実質的なオーナーだと名乗る人物が企業グループの調査結果に出てこないことも、逆に、企業グループを深く調べると、交渉をしている人物とは別に、実質的なオーナーが存在していることが判明することもある。入り組んだ企業グループを形成する目的が、脱税やマネーロンダリングといった正当ではない目的の場合がある。グループを複雑にし、会社情報の公開義務がない国にグループの最上位会社を設立して、実質的オーナーを隠しているということもある。

　リスクを分散するなど、合理的なビジネス判断に基づく場合もある。特定のビジネスに発生した問題が他のビジネスに影響を与えないようにするため、たとえば、資産保有会社と事業運営会社を分け

る、会社を役割ごと、ビジネスごと、ブランドごとに分けて設立する、会社を地域ごとに設立するのである。特に、ライセンスを要する事業を行っている場合、別の事業の問題が原因でライセンスを剥奪されないように、ライセンス事業会社を他事業から独立させる必要性は高い。

　企業グループの上位を、英領ヴァージン諸島やサイプロスなどの外国企業が占めていることもある。外国企業が企業グループに含まれる点は節税を目的とする場合や、ロシア外で取引をすることによりロシア法の適用を避ける場合がある。また、ロシア外に財産を保有することでロシア政府による接収を回避するという、政治・経済が不安定であった歴史に基づくメンタリティも感じる。

　ロシア法上、一人会社による一人会社の設立が認められていないことも、企業グループを複雑にしている一因と思われる。A会社の100％子会社であるB会社が、子会社を設立しようとする場合、B会社が100％出資して会社を設立することは認められず、一緒に出資をする第三者が必要となる。この場合、たとえば、企業グループの他の会社や親会社であるA会社、または、代表者個人が、1％や10％といった出資をする。

(2)　複雑な取引ストラクチャー

　複雑な企業グループに付随する問題は、複雑な取引ストラクチャーである。一つの取引に多くの会社が関与する例が見受けられる。契約上の買主とは異なる会社が商品を受け取る例や、仲介会社が複数関与する例、決済が支払代行会社により行われる例、または、支払いがオフショア銀行からなされる、振込先にオフショア銀行が指定される例などがある。

　企業グループ内で役割を分担しているので、一取引に複数会社が関与することはやむを得ない場合もある。また、ロシアでは、ロシ

ア企業と外国企業との決済につき外国為替法が適用されるので、当該適用を避けるために、ロシア外の第三者から支払いがされたり、ロシア外の第三者に支払いをするよう指示されることもある（第2章◇2「国際送金による決済」を参照）。

　一方で、架空取引や文書偽造を絡めて脱税するために、複数の空の会社を取引に関与させている場合があることは想像に難くない。ロシア当局は、かかる空の会社を脱税スキームの主要プレイヤーとして注視している。

⑶　財務関連書面

　ロシア政府は、ロシア企業の財務諸表情報の公開を進めているが（本章◇3⑼「財務諸表」を参照）、財務諸表の内容の評価は難しい。上述の複雑な企業グループ・複雑な取引ストラクチャーが示すとおり、複数の会社により一つの事業を行っているので、企業グループ内の一社の財務情報だけでは、取引相手・取引相手の企業グループの財務体力や、事業全体の採算性が分かりづらい。また、「節税」のために、当局に提出する財務諸表には利益を過少に記載している場合も多く、財務諸表から正確な財務状況を知ることは難しい。グループ企業は、通常、グループ全体の収益を「マネジメント・アカウント」により素の数字で管理しており、買収などの際の財務デューデリジェンスでは「マネジメント・アカウント」のレビューが重要となる。

　「このロシア企業は財務諸表につき会計監査を受けているから大丈夫である」とのコメントを聞くことがある。会計監査は、会社の財務状況が会計基準に基づき適正に財務諸表に表されているかを検証するものであり、その過程で、不自然な取引が判明する可能性はある。しかし、架空取引は、書面上は正当な取引を装っており、会計監査がこのカラクリを暴くことができない場合もあり、また、会

計監査はかかる取引を発見することを目的としているわけではない。さらに、ロシアで気をつけなければいけないのは、監査業務はライセンス事業であるが、ライセンスがない会社による監査意見書が見受けられることや、ライセンスを保有する監査法人・監査人であっても、安易に適性意見の監査報告書を出すことがある。したがって、ロシアでは、会計監査が財務諸表の信用性を担保するには限界がある。

(4) 要注意会社

　ロシア当局は、架空会社・トンネル会社など不当な目的で設立された要注意会社の特徴を、以下のように分析している（2007年5月30日付連邦租税局令第 MM-3-06/333@ 号）。

- 取引条件の協議や契約の締結に際し、会社の代表者や責任者が現れない。
- 会社の代表者・代理人の権限を証明する書面が提出されない、代表者・代理人の個人証明書面（パスポートなど）が提出されない。
- 会社の所在地、倉庫、製造拠点や販売拠点などの所在地に関する情報がない。
- 会社情報を取得する方法に関する情報がない（たとえば、マスメディアに広告がない、他のパートナーからの推薦状がない、インターネットサイトがない）。
- 法人登記に、会社に関する情報が存在しない。

　上記のほかに、以下の点も、要注意会社を判断する要素として挙げられている。

◇1　ロシア・ビジネスの事情　　5

- 　上記のような会社が、「仲介」として取引に関与している。
- 　取引条件が、一般的な取引慣行の条件と異なる（たとえば、支払いが長期の分割払いである、大口取引にもかかわらず前払いや支払保証がない、契約違反と違反に対する賠償額が釣り合わない、支払いが第三者または手形による）。
- 　契約を実際に履行できるという証拠がない（たとえば、契約履行に必要とされる生産能力、事業ライセンス、専門人材や資産などを証明する書面が提示されない）、履行期を考慮すると実際の履行が疑わしいと思われる事情がある。
- 　農業製品など、企業ではなく個人により製造・準備される慣行の商品を、仲介を通して取得している。
- 　保証・担保なく貸付・借入れをしている（利息がない場合や弁済期が3年を超える場合、注意度は高い）。

　ロシア当局は、さらに、要注意会社の兆候をデータベース化し公開し、要注意会社と取引に入らないよう警告している（本章◇3「ロシア会社に関する情報を取得できるインターネットサイト」を参照）。

◇2　会社の基本情報

(1)　ロシア法人登記制度
　法人は、設立、再編、清算に際し、国家登記され、国家登記情報は法人統一国家登記簿（以下、「法人登記簿」とする）により管理されている（法人登記法2条）。法人登記簿のロシア語名称が「Единый государственный реестр юридических лиц」であり略称が「ЕГРЮЛ」であることから、英語では「EGRUL」と示されることがある。現行の法人登記制度は2002年7月に整備され、登記機関には連邦租税局

が指定されている（2002年5月17日付政府決定第319号）。

　ロシア法上、法人は、営利法人と非営利法人に分類され、営利法人としては、株式会社、有限責任会社、合資会社、合名会社、農業企業、商事会社、生産協同組合、政府単一企業体および地方自治体単一企業体がある（民法50条2項、66条3項、4項）。ロシアにおいて、一番多く登記されている法人形態は有限責任会社であり、一般取引の相手となる企業は有限責任会社形態が多いと考えられる（有限責任会社については、第5章「ロシア会社を運営する」を参照）。

表：1月1日現在の法人登記数（％は、営利法人に占める割合を示す）

	2014年1月1日		2015年1月1日	
全法人	4,610,158		4,659,623	
営利法人	3,935,487		3,991,137	
有限責任会社	3,693,451	93.85%	3,778,274	94.67%
株式会社	163,348	4.15%	142,366	3.57%

	2016年1月1日		2017年1月1日	
全法人	4,820,432		4,553,818	
営利法人	4,150,374		3,895,974	
有限責任会社	3,962,627	95.48%	3,742,114	96.05%
株式会社	126,074	3.04%	102,293	2.63%

出所：連邦租税局が発表した「国家登記統計」に基づき著者作成

(2)　法人登記情報

　法人登記簿には、以下のような情報が含まれている（法人登記法5条）。

- ・　会社の基本情報：名称、所在地、登記情報、定款資本金額等
- ・　代表者情報：氏名、納税者番号

◇2　会社の基本情報　　7

- ・ （有限責任会社の場合）出資者の情報：名称、出資額等
- ・ 支店・駐在員事務所情報
- ・ 再編手続・清算手続・減資手続の開始
- ・ 事業活動
- ・ 各種登録情報：税務登録、年金基金登録、社会保険基金登録
- ・ 事業ライセンス情報
- ・ 定款変更情報、など

　実質所有者（Beneficial Owner）の情報は、法人登記簿には含まれない。掲載情報は現在時点での情報である。過去情報は反映されておらず、過去履歴を取得することはできない。

(3)　法人登記情報の信用性

　2016年1月より、登記機関が、情報の信用性を調査する制度が導入されている（法人登記法9条4.2項）。法人登記簿に含められる予定の情報または法人登記簿から削除される予定の情報の信用性につき、登記機関が疑義を抱いた場合に調査が実施されうる。たとえば、申請書情報と登記機関所有情報に齟齬があったり、住所に関する登記申請の場合、当該住所では不動産が取り壊されている、同住所に5社以上の法人が登記されているといった事由がある場合である（2016年2月11日付連邦租税局令第MMB-7-14/72@号）。また、利害関係人から定款変更や法人登記簿の情報変更につき登記機関に対し異議が出された場合なども、調査がされる。

　調査は、関係人からの事情聴取、追加情報の収集、不動産の検分、専門家への協力要請などによる。再編・清算、定款変更、登記情報の変更の際には、調査完了まで登記を保留でき、期間は1ヶ月まで認められている。

　さらに、2016年1月より、登記機関は、法人登記簿情報の信用性

を否定する申し立てがあった場合、法人登記簿にその旨を記録する（法人登記法11条5項）。登記機関は、住所、発起人（出資者）または代表者に関する情報の信用性を確認できなかった場合、法人、発起人（出資者）および代表者に対し、信用できる情報を登記機関に提出する必要がある旨を通知する。通知発送から30日以内に、信用情報が提出されなかった場合、法人登記簿に、情報に信用性がない旨が記録される（法人登記法11条6項）。登記機関の発表によれば、かかる記録は、2016年11月時点では1万8,000法人に、2017年第1四半期中に8万法人にされている。

(4)　法人登記情報の取得方法

　法人登記簿謄本は、有料で紙媒体または電子媒体で入手できる（法人登記法6条、7条）。加えて、登記情報は、登記機関のサイトにおいて誰でも無料で即時に取得することができる（法人登記法6条8項）。ただし、2014年以降の法改正により登記事項に追加された情報は、2017年3月現在、サイトで取得できる登記情報には含まれていない。サイトで取得できる登記情報はPDFファイルで提供され、法人登記簿謄本と類似の形式ではあるが、たとえば、裁判において法人登記簿謄本と同様の証拠能力を有するのかといった点は不確かである。法人登記簿謄本の内容と登記機関サイトからの登記情報との間に齟齬がある場合、法人登記簿謄本の内容が優先する。

▶ Сведения о государственной регистрации юридических лиц, индивидуальных предпринимателей, крестьянских (фермерских) хозяйств（法人、個人事業者、農業企業の国家登記に関する情報）
https://egrul.nalog.ru/

表：登記事項と登記機関サイトの掲載事項の比較

	登記事項 （法人登記法5条1項）	登記機関サイトに掲載すべき 事項 （2013年12月5日付 財務省令第115н号）
1	ロシア語の正式名称および略称 （略称がある場合）、定款におい て社名がロシア連邦民族の言語 または外国語で定められている 場合は当該言語による社名	ロシア語の正式名称および略称 （略称がある場合）
2	組織の法的形態	（掲載事項としては挙げられて いないが、記載されている）
3	法人の所在地内における住所 （2015年12月29日施行改正によ り改正）	法人の住所（所在地）、執行機能 を委託する運営人または運営会 社がある場合は、運営人・運営 会社の情報とともに、それらの 住居地・所在地の情報 （2015年12月29日施行改正前の 法人登記法5条1項の文言と同 じ文言）
4	法人の電子メールアドレス（登 記申請書に記載されている場 合）	
5	所在地変更を決議したという情 報 （2016年1月1日施行改正によ り追加）	
6	法人組成の方法（新規設立また は再編）	同左

7	法人の発起人（出資者）に関する情報 （株式会社については、株主名簿管理人に関する情報、有限責任会社については、当該会社または出資者が保有する定款資本における持分の割合・名目価格に関する情報、持分の全部または一部への担保設定・その他の制限設定に関する情報、相続手続における持分管理人に関する情報）	同左
8	定款の原本または謄本認証された定款の写し、標準定款を適用する場合はその旨の情報 （標準定款の情報は、2015年12月29日施行改正により追加）	
9	権利義務の継承に関する情報	同左
10	定款の変更を登記した日付	同左
11	法人消滅の方法（再編、清算または登記機関の決定による法人登記簿からの削除）	同左
12	清算手続中であるという情報	同左
13	倒産事件が開始されたという情報、適用される倒産手続の情報 （2017年6月28日施行改正により追加）	
14	定款に定められている定款資本金額	同左

15	委任状なく法人の名において行為をすることができる者の氏名・父称、職責、パスポート情報および納税者番号（納税者番号がある場合） （法人登記簿謄本にはパスポート情報は記載されない）	同左
16	持分とは異なる割合での権限分配を定めたコーポレート契約が締結されているという情報、当該契約が定めている権限の内容（持分割合とは異なる割合の議決権数） （2015年7月1日施行改正により追加）	
17	持分（株式）の処分制限・処分条件を定めるコーポレート契約が締結されているという情報 （2015年7月1日施行改正により追加）	
18	保有するライセンスの情報	同左
19	支店および駐在員事務所の情報	同左
20	納税者番号、税務登録種別番号および税務登録日	同左
21	全ロシア経済活動分類コード	同左
22	被保険者としての登録番号および登録日（ロシア連邦年金基金、ロシア連邦社会保険基金）	同左
23	再編手続中であるという情報	同左
24	減資手続中であるという情報	同左

25	法人登記簿の情報に信用性がないとの情報 （2016年1月1日施行改正により追加）	
(26)	（登記事項としては挙げられていないが謄本には記載されている）	国家登記番号、設立登記日
(27)		2002年7月1日前の国家登記情報
(28)		法人登記簿に記録をした際に提出された書面を保管している税務機関の名称および住所

出所：著者作成

(5) 定款

　定款も会社の基本情報を知るための重要な書面である。ロシアでは、会社定款も法人登記簿に含まれ、公開の対象となっている（法人登記法5条6項、6条1項1号）。定款内容が変更された場合、都度、変更定款を登記する。定款の写しは、有料で紙媒体でのみ取得できる。

　法律上、2015年12月末より、有限責任会社について標準定款制度が導入されているが（民法52条2項、有限責任会社法12条1項、法人登記法5条1項e号）、2017年3月現在、まだ標準定款を利用することはできない。標準定款を選択した場合、定款は策定されず、法人登記簿に標準定款が適用されている旨が記載される。標準定款は連邦租税局サイトにおいて公開されると定められているが（法人登記法6条10項）、2017年3月現在、公開されていない。

◇2　会社の基本情報　　*13*

⑹ 外国法人の支店・駐在員事務所の登録情報

　外国法人の支店・駐在員事務所の登録情報は、有料で紙媒体で取得することができ、また、一部ではあるが、連邦租税局のサイトから無料で即時に取得することもできる。

　外国法人は、支店または駐在員事務所につき認証を受けてロシアにおいて活動できる（外国投資法21条）。従前、複数の機関が認証権限を有し、登録については司法省下の国家登記所が管理していたが、2015年1月から連邦租税局（モスクワ市47番広域税務局）が認証機関となり、法人登記簿同様の登録簿も管理している。

　外国法人の支店・駐在員事務所登録簿には、外国法人の名称・住所、法的形態、登記情報、登記機関、外国法人の定款資本金額、登記国での取引銀行、支店・駐在員事務所のロシア住所、電話番号、支店長・事務所長の情報、外国人従業員数、認証、税務登録の情報などが含まれる。サイトから取得できる情報は、外国法人の名称、設立登記国、支店・駐在員事務所のロシア住所、支店長・事務所長の氏名・納税者番号、外国人従業員数、認証、税務登録の情報などである。

▷ Сведения государственного реестра аккредитованных филиалов и представительств иностранных юридических лиц（認証された外国法人の支店および駐在員事務所の国家登録簿の情報）

　https://service.nalog.ru/rafp.do

◇3　ロシア会社に関する情報を取得できるインターネットサイト

　本章で挙げるサイトは、特別な登録なく無料で利用できる。多くのデータベースは社名、登記番号や納税者番号で検索するように

なっている。同じ社名を有する会社が多いため、取引候補企業から
は早めに正式社名、登記番号、納税者番号を入手することが推奨さ
れる。契約締結の最終段階で、契約当事者が別会社であると知らさ
れることもあるので、契約当事者も早めに確認しておかなければな
らない。グループ内でも仲介専門の財産のない会社が当事者となる
場合、契約履行を保全するための措置を考え、早い段階でロシア側
と交渉に入らなければならない。

(1) 法人の活動

　法人の活動に関する情報は、「法人などの活動情報に関する統一
連邦登録簿」(以下、「法人活動サイト」とする) として管理され、イ
ンターネットサイトにおいて一般に公開されている (法人登記法7.1
条)。法人活動サイトの一部として、倒産事件の情報を掲載する専門
サイトも設営されている (倒産事件の情報サイトについては、第3章◇
6(3)「倒産事件情報の確認・取得」を参照)。

▶ Единый федеральный реестр юридически значимых сведений о
　фактах деятельности юридических лиц, индивидуальных предпри-
　нимателей и иных субъектов экономической деятельности (法人、個
　人事業者およびその他経済活動体の法的に重要な活動情報に関する統
　一連邦登録簿)
　http://www.fedresurs.ru/ (新バージョン)
　http://se.fedresurs.ru/ (旧バージョン、新バージョンに移行中)

　法人活動サイトには、会社の設立、再編、清算、法人登記簿から
の削除、増資・減資、代表者交代、住所変更、登記情報の信用性が
ない旨の情報など登記情報も掲載される。この場合、登記機関が、
登記内容の変更に合わせて、法人活動サイトを変更する責任を負
う。そのほか、法人活動サイトには、他会社の20%株式・持分取得、

株式会社の直近決算の純資産額、倒産事件の開始、動産への担保設定などが反映される。これらの事項は、会社自身が、当該事項の発生から３営業日以内に申請しなければならない。法人活動サイトの情報の信用性・真実性は、提供した者が責任を負い、提供情報がそのまま掲載されているので、掲載情報や掲載書面が統一されていない。

　法人活動サイトは、2013年１月から運用されているが、情報掲載は有料であり、不掲載に対して罰則がなかったため、情報を提供していない会社も多かった。2016年１月に罰則が導入され、適時に申請しなかった場合には、警告または責任者（社長など）に5,000ルーブルの過料、提出した情報が不十分な場合には、責任者に対し１万ルーブルまでの過料、違反を繰り返したり虚偽情報を提出した場合には、責任者に対し５万ルーブルまでの過料または３年までの資格制限が課される（行政罰法14.25条６項、７項、８項）。

　法人活動サイトにおいて、会社自身が公開しなくてはいけない情報には、以下のようなものがある。

監査結果：会計監査義務がある会社は、監査結果を法人活動サイトに掲載しなければならない（監査法５条６項）。ロシアでは、株式会社、金融機関、保険会社、前事業年度の売上げが４億ルーブルまたは前事業年度末の資産簿価が6,000万ルーブルの会社、連結財務諸表を提出している会社などが、会計監査人監査を受けなければならない（監査法５条１項）。監査結果は、2016年10月以降、掲載が義務となっている。

動産担保設定：自社所有動産に担保を設定した会社は、債権者、担保物、被担保債権の額・弁済期や契約変更、契約終了を掲載する（動産担保については、第３章◇４「取引企業・関連会社による担保提供」を参照）。動産担保設定の情報は、2014年７月以降、掲載が義

務になっている。

独立保証（銀行保証は除く）：第三者に独立保証を提供した会社は、保証額、保証期間、主債務者、債権者など契約の主要条件、契約変更、契約終了を掲載しなくてはならない（独立保証については、第3章◇2「親会社・関連会社による保証」を参照）。独立保証提供の情報は、2016年10月以降、掲載が義務となり、2017年1月から銀行保証が掲載対象から除外された。

ファクタリング契約：ファクタリング利用者は、ファクタリング契約締結日および当事者情報を掲載しなくてはならない。ファクタリング契約の情報は、2016年10月に掲載義務情報に追加され、ファクタリング事業者が公開義務を負っていたが、2017年1月以降、ファクタリング利用者が公開義務を負い、対象債権の債権額や発生時期などの情報は掲載対象から除外された。

ファイナンスリース契約：ファイナンスリース事業者は、リース契約の情報を法人活動サイトに掲載しなければならない（ファイナンスリース法10条3項）。掲載情報は、レッサー、レッシー、リース期間、リース物件、契約変更、契約終了などである。公開義務はファイナンスリース事業者（レッサー）が負うが、ファイナンスリース利用者（レッシー）の活動記録にも反映される。ファイナンスリース契約の情報は、2016年10月以降、掲載が義務となっている。

執行手続：自社財産に強制執行手続が開始された会社は、債権額、対象物件、債務名義などの情報を公開しなければならない（執行法94条3項）。法人活動サイトへの掲載をもって、債権者への通知となる。執行手続開始の情報は、2016年10月以降、掲載が義務となっている。

債務超過の兆候：倒産法上の債務超過の兆候が発生した会社は、その事実を法人活動サイトにおいて公開しなくてはならない。債務

超過の兆候が発生した場合、会社は自己倒産を申し立てる義務を
負う（倒産制度については、第３章◇６(2)「倒産事件の始まり」を参
照）。債務超過の兆候は、2016年10月以降、掲載が義務となってい
る。

倒産事件申立ての意思：2015年７月以降、自己倒産を申し立てる会
社、および、判決や仲裁判断なく債務者の倒産事件を申し立てる
銀行は、申立ての15日前までに法人活動サイトに申立ての意思を
表明しなければならない（倒産法７条２項、2.1項、37条４項、法人
活動サイトにおける当該表明の法的効力や倒産制度については、第３
章◇６「取引企業の倒産」を参照）。

(2) 公告事項

　法人登記法令が公告を要請する事項は「国家登記公告誌」に掲載
され、さらに、同誌サイトでも検索できるようになっている。

　多くの公告事項は法人登記簿や法人活動サイトにも反映される
が、債権届出期間などの法定期間の算定は「国家登記公告誌」にお
ける公告日が基準となる。たとえば、減資手続に際して、債権者は
債権の弁済期前履行を請求できるが、減資手続開始の事実は、債権
者に個別に通知されず、法人登記簿、法人活動サイトや「国家登記
公告誌」において確認しなければならない。請求期間は、二度目の
公告から30暦日であり（株式会社法30条３項、有限責任会社法20条５
項）、当該期間の起算日となる二度目の公告日は、「国家登記公告誌」
で確認する。

　倒産事件に関する公告誌には別の媒体が指定されており、倒産事
件に関する公告は「国家登記公告誌」では見つけることはできない
（倒産事件に関する公告については、第３章◇６(3)「倒産事件情報の確
認・取得」を参照）。

▶ Вестник государственной регистрации（国家登記公告誌）

http://www.vestnik-gosreg.ru/publ/vgr/

(3)　登記内容変更などを申請した法人

　登記機関のサイトでは、過去１年間に登記機関に登記内容変更などを申請した法人を検索することができる。法人登記簿の更新には、原則、申請から５営業日を要するため（法人登記法８条１項）、法人登記簿の確認に加えて、念のために登記変更申請の有無を調べることが推奨される。

▶ Сведения о юридических лицах и индивидуальных предпринимателях, в отношении которых представлены документы для государственной регистрации（国家登記申請がされた法人および個人事業者の情報）

https://service.nalog.ru/uwsfind.do

(4)　法人登記簿から削除される可能性のある法人

　登記機関は、12ヶ月間、税務申告をせず、かつ、銀行口座に出入金がない法人を、職権で法人登記簿から削除することができ、削除予定の決定は、「国家登記公告誌」で公告されるほか、登記機関のサイトでも検索できる（民法64.2条１項、法人登記法21.1条）。削除予定の決定から３ヶ月間、当該法人や利害関係人から申立てがなければ、登記機関は削除を決定し法人登記簿に削除が反映される。法人登記簿から削除された法人は、清算されたとみなされるので、削除予定の決定が出ている法人との契約は、避けなければならない。

　ロシア政府は、近時、空会社撲滅を強化しており、2016年は特に削除件数が多かった。

表：有限責任会社の設立登記・清算登記の数

有限責任会社	2013年	2014年	2015年	2016年
設立	425,190	452,638	465,869	461,585
清算	328,956	361,762	267,170	676,144
再編	31,711	38,694	52,737	32,794
清算	39,508	46,769	54,247	57,617
法人登記簿からの削除	257,736	276,296	160,184	585,733

出所：連邦租税局が発表した「国家登記統計」に基づき著者作成

▶ Сведения, опубликованные в журнале "Вестник государственной регистрации" о принятых регистрирующими органами решениях о предстоящем исключении недействующих юридических лиц из Единого государственного реестра юридических лиц（国家登記公告誌に掲載された登記機関による不活動法人の法人登記簿からの削除の情報）

http://www.vestnik-gosreg.ru/publ/fz83/

⑸ 多数法人が登記している住所（マス・レジストレーション住所）

　一つの住所に何十社、何百社も登記されていることがあり、かかる住所は「マス・レジストレーション住所」に分類され、要注意会社の兆候とされている。マス・レジストレーション住所の情報は集められ、登記機関のサイトで検索できるようにされている。登記住所や、取引候補企業が連絡先として伝えてきた住所が、マス・レジストレーション住所に該当していないか確認することが推奨される。ただし、多数の会社が入居しているオフィス・ビルが所在する住所もマス・レジストレーション住所と認識されていることもあるので、合わせてビジネス・センターなどの有無も確認する必要があ

る。

▶ Адреса, указанные при государственной регистрации в качестве места нахождения несколькими юридическими лицами（複数法人が所在する場所とされている住所）

https://service.nalog.ru/addrfind.do

⑹ 税金を滞納している法人・１年以上税務申告をしていない法人

　連邦租税局のサイトにおいて、1,000ルーブル以上の額の税金を滞納し強制執行手続が開始されている会社や、税務申告の義務を遂行していない会社を確認することができる。ただし、サイトでは執行手続開始の事実の有無、税務申告義務履行の有無が示されるに留まる。滞納税が存在する場合、厳しい財務状況にあるか、過度な節税で追加納税が要請されていることも疑われる。ロシアでは、連邦租税局が未払租税債権に基づき納税者の倒産事件を開始することも多いので、税金を滞納していないか確認することは重要である。また、１年以上税務申告をしていない場合、法人登記簿から削除される可能性もあるので、注意が必要である。

▶ Сведения о юридических лицах, имеющих задолженность по уплате налогов и/или не представляющих налоговую отчетность более года（税金を滞納している法人、１年以上税務申告を提出していない法人の情報）

https://service.nalog.ru/zd.do

⑺ 国家入札・「バッド・サプライヤー」

　国家入札サイトで、ロシア企業の国家調達に関する活動を知ることができる。また、連邦独占禁止局は、国家調達において好ましくない入札企業「バッド・サプライヤー」の登録簿を策定し、イン

◇3　ロシア会社に関する情報を取得できるインターネットサイト　*21*

ターネットサイトで公開している（国家調達法104条）。同サイトで
は、企業情報のほか、入札内容や不履行内容が掲載されている。た
とえば、国家入札の競落企業が、履行を担保するものとして提出す
べき銀行保証または保証金を期限内に提出しない場合、「バッド・
サプライヤー」登録簿に含められる（国家調達法96条5項）。国家入
札を通しての販路も検討している場合、かかる企業を販売店と指定
することは避けなければならない。

▶ Официальный сайт единой информационной системы в сфере заку-
пок（国家入札に関する統一情報システム・公式サイト）
http://zakupki.gov.ru/

▶ Реестр недобросовестных поставщиков（不誠実なサプライヤー登録
簿）
http://zakupki.gov.ru/epz/dishonestsupplier/quicksearch/
search.html

⑻　納税額

　納税額の情報は、2016年6月から公開情報となり、2017年7月後
半以降、連邦租税局のサイトにおいて取得できるようになる（税法
102条1.1項）。税負担が、同業事業者の平均的な税負担を下回ってい
ることが、要注意会社の兆候とされている。税負担は、税務申告書
記載の納税額と、国家統計局の情報（財務諸表）による売上額に基づ
き算定され、業種ごとの平均的な税負担は、連邦租税局が開示して
いる。たとえば、2015年の税負担は、全事業平均は9.7％、自動車・
二輪車の販売・関連サービス・修理では2.8％、車両・設備の製造で
は6％とされている（個人所得税も考慮されているが、社会保険料や年
金保険料は含まれていない）。

(9)　財務諸表

　金融機関、上場株式会社、株主が50名以上の非上場株式会社など一部の会社は、年次財務諸表や四半期財務諸表の公開が義務付けられている（会計法13条9項、銀行法8条1項、株式会社法92条など）。

▶ Центр раскрытия корпоративной информации（企業情報公開センター）

https://www.e-disclosure.ru/

　一方、事業体は、上場・非上場、事業形態にかかわらず、管轄統計局に年次財務諸表を提出する義務がある（会計法18条）、提出された年次財務諸表の情報は、国家統計局サイトから無料で即時に取得できる。情報は、サイト上で閲覧できるほか、サイトに電子メールアドレスを入力して Word ファイルまたは Excel ファイルをメールで受け取ることもできる。しかし、不提出であっても、責任者に最高で5,000ルーブルと低額の過料しか定められていなかったため、提出しない会社も多くあった。2017年2月7日以降、過料の最高額は、責任者に対し2万ルーブル（繰返しの場合5万ルーブル）、法人に対し7万ルーブル（繰返しの場合15万ルーブル）に引き上げられたが（行政罰法13.19条）、その強制力には疑問がある。

▶ Предоставление данных бухгалтерской отчетности по запросам пользователей（財務諸表情報の提供）

http://www.gks.ru/accounting_report

　2017年7月後半から、連邦租税局が、サイトにおいて財務諸表上の利益・費用に関する情報の提供を始める（税法102条1.1項）。業種ごとのコスト（売上原価、販売費、一般管理費）に対する営業利益の割合、および、総資産に対する税引前利益の割合が、同業事業者の数値よりも10％以上低い場合、要注意会社の兆候とみられている。

◇3　ロシア会社に関する情報を取得できるインターネットサイト　　*23*

毎年の業種ごとの数値は、連邦租税局が発表しており、たとえば、2015年のそれぞれの割合は、全事業平均は9.3%、5.0%、自動車・二輪車の販売・関連サービス・修理では3.2%、9.5%、車両・設備の製造では6.1%、税引前損失を認識している。

⑽　従業員数

　従業員の年平均数も、2017年7月後半以降、連邦租税局サイトに公開される予定である（税法102条1.1項）。従業員が少ない場合、空会社の可能性が疑われる。

⑾　資格制限者・資格制限者が代表者に就任している法人

　特定の職責に就くことを裁判所の決定により禁止された者の情報は、資格制限者登録簿で管理され、連邦租税局のサイトで公開されている（行政罰法3.11条、32.11条3項）。また、資格制限者が代表者である会社の情報も連邦租税局のサイトで検索できる。たとえば、類似労働法違反を繰り返した会社の責任者に対し、政府や地方自治体の職、会社の執行職（代表者）や、監督役員会構成員への就任を、6ヶ月から3年の間、禁止することができる（行政罰法5.27条4項）。

　取引企業の代表者が資格制限者であった場合の取引の効力については、法律上も裁判実務上も明確ではない。資格制限が認定されたからといって、自動的に代表権限が失効するわけではなく、雇用終了事由であり、雇用終了手続がとられるまでは代表権限を有しているとする裁判例がある（2013年9月16日付西シベリア管区商事裁判所破毀審判決第A27-12494/2012号事件）。一方で、代表者が契約締結時に資格制限者であることを理由に、契約を無効であると指摘している裁判も出されている（2010年10月18日付第三控訴商事裁判所控訴審判決第A69-798/2006号事件）。無用な争いを避けるために、取引候補企業の代表者の資格も確認することが望ましい。

▶ Реестр дисквалифицированных лиц（資格制限者登録簿）
https://service.nalog.ru/disqualified.do

▶ Юридические лица, в состав исполнительных органов которых входят дисквалифицированные лица（資格制限者が執行機関に就任している法人）
https://service.nalog.ru/disfind.do

⑿ 複数法人の代表者に就任している個人・複数法人を所有している個人

登記機関のサイトでは、特定の人物が複数会社の経営に関与していないかを確認できる。一定程度、人で繋がっている企業グループを把握することができる。非常に多数の会社が検出された場合、それらの会社は空会社の可能性があるので注意が必要である。

▶ Сведения о физических лицах, являющихся руководителями или учредителями (участниками) нескольких юридических лиц（複数法人の代表者または出資者である個人の情報）
https://service.nalog.ru/mru.do

⒀ 無関係な会社の代表者・出資者（株主）に登記されている者

会社の代表者や出資者に登記されている者が、実際には代表者就任や出資に関与していなかったり、死亡していたりする場合、裁判でかかる事実を認定する制度がある。盗難パスポートを偽造して、パスポート所持者本人が知らないところで空会社が設立されている例があり、要注意会社の兆候とされている。

▶ Сведения о лицах, в отношении которых факт невозможности участия (осуществления руководства) в организации установлен (подтвержден) в судебном порядке（裁判手続において会社出資者・会社

代表者である可能性が否定されている者の情報）

https://service.nalog.ru/svl.do

⑭ 委任状の公証・委任状の撤回

2017年2月から、連邦公証人協会サイトで、公証人が認証した委任状の情報、公証人が撤回した委任状の情報が公開されている（委任状および当該サイトの法的効力については、第2章◇1⑵「会社の代理人」を参照）。

▶ Проверка доверенностей по реквизитам（詳細情報による委任状の検索）

http://reestr-dover.ru/

⑮ パスポートの失効

ロシアでは、取引において契約書署名者のパスポートを確認することも一般的である。盗難パスポートを偽造して使用していることがあるため、ロシア国籍パスポートの有効性を、内務省下の移民当局サイトで確認することが推奨されている。

▶ Проверка по списку недействительных российских паспортов（無効ロシアパスポート一覧の検索）

http://services.fms.gov.ru/info-service.htm?sid=2000

⑯ 動産担保

連邦公証人協会が、動産への担保設定を登録し公示するデータベース「動産担保通知登録簿」を運用している（動産担保および動産担保通知登録簿の法的効力については、第3章◇4⑵「製造設備などの一般動産」を参照）。

▶ Реестр уведомлений о залоге движимого имущества（動産担保通知登録簿）

https://www.reestr-zalogov.ru/

動産担保通知登録簿については改正が提案されている。2016年12月12日付改正法案によれば、登録簿は、2017年7月以降、動産担保だけでなく、ファイナンスリースや所有権留保販売の取引情報も含むデータベースに拡大される。

⒄ 裁判手続

ロシアでは、たとえば、企業間の紛争は商事裁判所が審理し、従業員個人と企業の間の紛争は通常裁判所が扱う（ロシア裁判制度については、第8章◇3「ロシア裁判所での紛争解決」を参照）。商事裁判所に係属する事件や商事裁判所が出した判決・決定は、商事裁判所の総合データーベースで管理されインターネットサイトで検索できるようになっている。通常裁判所裁判については、各裁判所のサイトで検索できるが、全裁判が公開されているわけではない。

▶ Банк решений арбитражных судов（商事裁判所判決データベース）
https://ras.arbitr.ru/

⒅ 執行手続

執行手続に関するデータベースが整備されており、連邦裁判執行局のサイトにおいて検索できる（執行法6.1条）。同サイトでは、執行手続の基礎となっている債務名義、債権や執行人の情報が公開されている。

▶ Банк данных исполнительных производств（執行手続データベース）
http://fssprus.ru/iss/ip/

⒆ 倒産事件

倒産事件に関しては公的専門サイトが設けられているが、倒産事

件に関する全ての情報が掲載されているわけではなく、他の複数の
サイトと合わせて確認する必要がある（倒産事件の情報については、
第3章◇6(3)「倒産事件情報の確認・取得」を参照)。

第2章　ロシア企業と契約する

　日本企業がロシア企業と契約する場合、ロシア以外の国の法律、たとえばイギリス法を準拠法として契約を締結することが多いが、準拠法がどの国の法律かに関係なく、ロシア法が関係する事項がある。本章では、日本企業とロシア企業の契約を念頭に、いくつか留意点を取り上げる。ロシア企業のみがリスクを追う点もあるが、ロシア企業との円滑な協議、ビジネスの安定的継続のためにロシア企業側の事情を理解しておくことは有益であり、本章に含めて紹介する。

　ロシア企業側が担保や保証を提供する場合の契約については、第3章「ロシア企業への取引債権を保全する」で、ロシア企業を買収する場合やロシア企業と合弁事業を行う場合の契約については、第4章◇4「既存会社・既存事業の買収」および◇5「合弁会社（ジョイント・ベンチャー）」で取り上げている。また、日本企業が、自社従業員をロシアに派遣する場合の契約構成については、第7章「ロシアに日本人を派遣する」で別途取り上げている。

◇1　ロシア企業の代表者・代理人

　ロシア側として交渉している人物が、名刺を出さなかったり、ど

の会社の誰なのか明確に名乗らない場合がある。実質的なビジネス・オーナーとされるものの、契約当事者となる会社の社長でも出資者でもない場合もある。最終的にロシア企業として契約書に署名する者は、ロシア企業の名において取引をする権限を有する者でなければならない。それは会社の代表者か代理人であり、ロシア・ビジネスで使われる契約書には、代表権・代理権の根拠文書（委任状情報など）が明記されることが多い。

(1)　会社の代表者

ロシア企業の代表権限を有する者は、「単独執行機関」という会社機関である（民法40条）。法人登記上は「委任状なく会社の名において行為をすることができる者」と表記されている。

ロシア会社法上、代表者が会社の名において取引をするにつき、法律や定款などにより会社機関の承認が要請されている場合がある。必要な機関承認を得ていなかった場合や、代表者と名乗る者が実は代表者ではなかった場合、ロシア企業が取引の無効を主張してくる恐れがある。ロシア裁判所は、近年、取引の安全を保護するため、代表権限がなかった場合や制限されていた場合でも取引の有効性を認める立場をとっている（第5章◇4「代表者の対外取引権限の制限」を参照）。しかし、ロシア裁判所で争われるとも限らず、また、無用な争いを避けるため、可能な限り調査をすることが望ましい。

ロシア有限責任会社X社と契約する際、X社の代表者だと名乗るA氏が契約書に署名をする場合、A氏の権限を確実に確認する手順は、次のようになる。

代表者の確認：X会社の代表者は誰なのか確かめるために、最新の法人登記簿謄本の提示を求め、「委任状なく会社の名において行為がすることができる者」の欄を確認する。法人登記簿には任期

満了時期が記載されていないので、任期が満了してすでに別の者が代表者であることがある。現在、ロシア法上、原則として、法人登記簿記載の者を代表者と考えれば足りるが（民法51条2項）、念のため確認するのであれば、定款で任期を確認し任命決議書で任期満了時期を確定することになる。

本人性の確認：A氏だと名乗る者が本当にA氏なのか確かめるために、パスポートの提示を求め確認する。パスポートを盗み偽造している場合もあり、パスポートが無効化されていないか確かめるために、内務省が公開する無効パスポート情報を検索する（第1章◇3⒂「パスポートの失効」を参照）。ロシア当局がかかる情報を公開していることからすると、パスポートの盗難・偽造が多いことが推測される。

権限の確認：当該取引につき機関承認が必要か確かめるために、定款および直近の財務諸表の提示を求め確認する。社内規則や労働契約書により代表者の権限を制限している場合もあるが、社内規則や労働契約書を社外に提示しないことは相応であるため、通常、社内規則や労働契約書の提示を求めることはない。実際には、定款や財務諸表を熟読しても、承認の要否を明確に知ることは難しい。しかし、かかる書面を確認し検討した事実により、取引の有効性を主張することが可能となる。

コラム：署名権限の確認

　ロシア側が、日本側として署名する者の代表権・代理権を確認するために、日本側にも最新の登記簿謄本、最新の定款、直近の財務諸表、委任状やパスポートの提示を求めてくることがある。従前のロシア・ビジネスの慣習によるところもあるが、ロシア企業の税務当局対策によるところもある。ロシア企業は、取引相手

◇1　ロシア企業の代表者・代理人　　*31*

の選定にあたり、取引相手につき相当の注意をもって調べる義務があり、当該義務を怠ったことで、取引相手との取引が架空取引とみなされ、自社が税務リスクを負う恐れがある。調査義務の履行として、取引候補企業から、定款、登記証明書、税務登録証、ライセンス証明書や代表者権限を証明する書面の写しなどを取得することが推奨されている（2010年2月11日付連邦租税局意見書第3-7-07/84号）。

(2) 会社の代理人

ロシア企業の代理人と名乗る者の代理権限は、慎重に確認することが推奨される。

代理権の有無や無権利の自称代理人による取引の効力は、どの国の法律に基づいて判断されるのか、不確実な要素が多い。たとえば、ロシア企業が自社従業員などを代理人に指定した場合、代理権限は、一般的にはロシア法に基づき付与されていると考えられる。しかし、当該代理人が権限を越えて日本企業と取引した場合、日本企業はどの国の法律に基づいて取引は有効だと主張できるのかは、効力を争う方法や場所、取引内容により異なりうる。争いを避けるために、また、争いになった際にどの国の法律が適用されても取引が有効であると認められるために、できる限り確認することが重要である。

ロシア・ビジネスでは、委任状が広く利用され、委任状の偽造や悪用も多いためか、委任状に関する法令・制度が随時改正されている。ロシア企業が、日本企業に代理人の委任状の提示を求めてくる背景にはかかる事情がある。

会社の支店長・駐在員事務所長は、労働法上、会社代表者に準じて一般従業員と異なる扱いを受けるが、民事法上、会社を代表・代

理する権限は与えられておらず、この点は一般従業員と変わらない。支店長・駐在員事務所長の権限の範囲は、委任状において確定されなければならず、会社定款や支店規則などに権限が記載されているだけでは足りない（2015年6月23日付最高裁判所総会決議第25号129項）。

　委任状が提示された場合、委任状に署名している者に委任状発行の権限があるのか、本当に本人が署名しているのか、委任状の形式は守られているか、委任状はまだ有効かなどが確認ポイントとなる。

委任状に署名している者の権限：会社が委任状を発行している場合、会社の名において委任状に署名できる者は、会社の代表者、法律または定款が指定する者である（民法185.1条4項）。会社の代表者の場合、定款が代表者の委任状発行権限を制限していることがあるため、注意が必要である。この点を確実にするために、公証人の認証を受けた委任状を要請することが考えられる（公証法59条）。公証人が、権限の制限の有無を確認するからである。

署名の真正：委任状の署名が本当に本人の署名か、見抜くことは難しい。この点からも、取引相手に公証人が認証した委任状の提示を求めることが珍しくはない。2017年2月から、認証委任状の情報が下記連邦公証人協会サイトで公開されており、偽造の認証委任状でないかも確認できるようになっている。

委任状の形式：公証人の認証が要請されている取引の場合、委任状も公証が必要である（民法185.1条）。

委任状の期間：提示された委任状が有効か、作成日と有効期間を確認する。委任状の3年の期間制限は撤廃されているので、現在、自由に期間を設定できる（民法186条）。委任状に期間の定めがない場合、作成日から1年間のみ有効である。国外での行為を委任

◇1　ロシア企業の代表者・代理人　　**33**

する委任状の場合、期間の定めがなければ、撤回されるまで有効
である。事業活動に関する委任状の場合、期間満了前に撤回する
ことができない委任状や特定の場合にのみ撤回できる委任状も認
められている（民法188.1条）。

委任状の撤回：委任状が有効期間満了前に撤回されていないか、可
能な範囲で確認しなければならない。2017年1月施行改正によ
り、公証人が認証している委任状であれば、撤回にも公証人の認
証が必要であり、下記連邦公証人協会サイトで調べることができ
る。認証のない委任状は、単なる撤回か公証人が認証する撤回に
よる（民法188条1項1号）。委任者は、委任状を撤回した場合、委
任状による取引に関係する第三者に撤回を知らせなければなら
ず、第三者が委任状撤回につき善意無過失の場合、撤回されてい
る委任状の代理人による取引は有効とされる（民法189条1項、2
項）。この点、2017年2月から、認証委任状だけではなく通常委任
状の公証人による認証撤回も下記連邦公証人協会サイトに公開さ
れ、第三者は、公開翌日以降、委任状の撤回を通知されたものと
みなされる。

代理人の本人確認：委任状には代理人のパスポート情報（パスポー
ト番号や登記住所）が記載されるので、代理人が所持するパスポー
トと照合する。ロシア・パスポートの有効性は内務省のサイトで
確認できる（第1章◇3⒂「パスポートの失効」を参照）。

▶ Проверка доверенностей по реквизитам（詳細情報による委任状の検
索）

http://reestr-dover.ru/

コラム：ロシア法における無権代理・越権代理

原則として、代理権限がない者による取引や、代理権限を越え

34　　第2章　ロシア企業と契約する

て行われた取引は、会社による追認（追認とみなされる行為）がな
ければ、会社ではなく代理人（代理人と称した者）を取引当事者と
して成立する（民法183条1項）。ただし、委任状や法律が定める代
理権限を、契約や支店・駐在員事務所規則が制限しており、当該
制限を超えて代理人が取引をした場合、取引は会社を取引当事者
とした取引として有効である。会社が、裁判手続において、取引
相手が当該制限を知っていたか、または、知り得たことを証明し
た場合には、会社は取引を取り消すことができる（民法174条1項、
2015年6月23日付最高裁判所総会決議第25号122項）。

◇2　国際送金による決済

　ロシア外国為替法上、ロシア企業は居住者とされ、外国企業や外
国企業のロシア支店・駐在員事務所は非居住者とされ、居住者と非
居住者の間の取引には一定の規制が及ぶ。規制は、特定の手続や義
務をロシア居住者に課すことで管理されている。

(1)　ロシアにおける国際送受金手続

　ロシア取引企業が、ロシアの送金銀行から契約書の内容の変更を
要請されたとして契約条項の変更を求めてきたり、送金銀行からの
要請でかかる書面が必要であると説明してくることがある。送金銀
行の名を借りているだけの可能性もあるが、実際に銀行から契約内
容の変更を指示されることもあり、契約書案を事前に銀行にレ
ビューしてもらうことも行われている。

　ロシア居住者と非居住者との間の送受金は法的根拠に基づかなけ
ればならず、その確認のために、ロシア居住者は送受金銀行におい

て特別な手続を経る義務を負う（外国為替法20条）。一般に、この特別な手続は「パスポート・ディールを開く」や、「取引パスポートを作成する」と表現され、2017年3月現在、当該手続義務は、契約額が5万ドル相当額以上の取引に適用される（2012年6月4日付中央銀行指令第138-И号5.2項）。パスポート・ディールの開設にあたり、ロシア居住者は、送金の根拠となる書面（契約書）を提出しなければならず、銀行は、当該契約書をロシア法の観点からレビューする（契約の準拠法による有効性のレビューではない）。銀行によるレビューは、弁護士による法務レビューや税務当局によるレビューの深度とは異なるので、契約のロシア法上の有効性を詳細に検討するものではないが、ロシア法上の成立要件となる主要事項の合意がない場合や、ロシア法上、明らかに無効となる契約内容・記載方法の場合、有効な契約（法的根拠）がないものとして送金を拒否する可能性がある。たとえば、特許ライセンスがロシア知的財産局に登録されていない場合、ライセンス契約は無効としてライセンス料の送金が認められないことが考えられる。5万ドル相当額未満の取引の場合、パスポート・ディールの開設は不要であるため、必ずしも契約書が審査されるわけではないが、銀行が送金の法的根拠を確認するために、契約書の提出を要請する場合がある。

(2) ロシア企業の代金回収・前払金回収の義務

　ロシア企業の以下のような対応も、外国為替法が関係していることがある。日本企業が債権保全策として相殺決済を提案するも、ロシア企業が拒否する。ロシア企業が、後払いを条件に外国企業に商品を輸出したりサービスを提供する場合、外国企業に対する代金債権をサイプロスの関連会社などの非ロシア企業に売却する、または、かかる売却のため債権譲渡禁止条項の削除を求めてくる。外国企業からの支払いの遅れが予想される状況では、支払期延期の追加

合意書の締結を要請してくる。ロシア企業が、代金を前払いして商品・サービスを輸入する場合、契約書に、納入期限を過ぎても商品・サービスが納入されない場合の前払金の返還期限を定める。

① 資金回収義務（本国送金義務）

ロシア外国為替法により、居住者（ロシア企業）は、商品、サービス、情報、知的財産権の対外取引活動（貿易）に際し、以下、行政法上の義務を負っている（外国為替法19条1項）。

（a）居住者（ロシア企業）が非居住者（外国企業）に商品を販売したり、サービスなどを提供した場合、その対価を契約書記載の期限までにパスポート・ディール開設銀行の口座に受領する。

代金受領義務の意味するところは、債権者が債権の弁済遅延につき責任を負うということである。弁済遅延によるリスクを回避するため、債権者は、ロシア外国為替法が適用されない非居住者に債権を売却するというスキームを利用することがある。

（b）居住者（ロシア企業）が非居住者（外国企業）から商品を購入したり、サービスなどを受けるため、その対価を事前に支払ったものの、商品やサービスがロシアに提供されなかった場合、前払代金を契約書記載の期限までに返金してもらい回収する。

返金期限が定められていない契約では、契約の期間満了時に契約上の義務は消滅するという条項がある場合は契約期間満了日が資金回収期限となり、契約上の債務が特定時期までに履行されなければならないと定められている場合はパスポート・ディールに記載されている全債務履行完了日が資金回収期限となる（2010年11月23日付連邦関税局意見書第01-11/56802号2項）。そのため、契約で返金期限が合意されていない場合、納入期限が回収期限とみなされてしまう恐れがある。

◇2　国際送金による決済　　*37*

②　相殺決済の禁止

資金回収義務により、居住者（ロシア企業）は、原則、非居住者（外国企業）である取引相手との相殺決済が認められないということになる（例外的に認められる相殺は、漁業関連などの特定取引に限定される）。

たとえば、ロシア製薬会社が外国企業に対して商品を販売し、代金債権と販売奨励金支払債務を相殺して決済したところ、外国為替法19条1項1号違反が認定され、ロシア製薬会社が行政罰法15.25条4項により罰せられたという事案がある（2015年3月25日付モスクワ管区商事裁判所破毀審判決第A41-47485/2014号事件）。

③　資金回収義務の違反

外国為替法上の資金回収義務違反は、帰責性が認められれば、行政処罰の対象になる（行政罰法1.5条、15.25条）。帰責性は、義務履行の可能性があったにも関わらず、履行のために自身ができる全ての施策を講じなかった場合に認定される（行政罰法2条2項）。代金受領・返金が不可能な状況であったり、代金受領・返金のためにできる限りの対応をした場合、行政法違反とはならない。

資金回収義務違反には、回収すべき金額に、日にロシア中央銀行の主要政策金利の150分の1相当率、また、回収すべき金額の75%から100%相当額の罰過金が課される可能性がある（行政罰法15.25条4項、5項）。2016年末から、罰則を厳罰化する改正法案（第1166926-6号）が国会で審理されている。

コラム：資金回収努力

居住者（ロシア企業）はどこまで資金回収措置をとれば、行政法上の責任に問われないのか、裁判は一律ではなく不明確だが、概

して高い努力義務が課されていると考えられる。

ロシア企業がフィンランド企業から設備を購入し、2年間で総計15万5,000ユーロの代金を製造者である中国企業に直接支払ったが、納入された設備総額が6万9,576ユーロであった。しかし、製造者である中国企業は倒産し、設備の納入が不可能となった。ロシア企業は、代金を払った中国企業は倒産し返金の可能性がなかったこと、フィンランド企業と交信し問題解決に努めたことを主張したが、裁判所は、事業活動を行う以上、取引相手のリスクの責任を負い、相応の注意を持って取引相手を選定すべきところしなかった、義務履行の保全手段を講じていなかった、差額回収のための裁判を提起していなかったとの理由で、資金回収努力を認定しなかった。ロシア企業は、当該フィンランド企業と別の売買契約を締結し当該売買代金と相殺し差額分を回収した旨も主張したが、かかる相殺は外国為替法上認められている相殺には該当しないため認められず、回収義務を履行したことにはならないとされた（2014年10月16日付北西管区商事裁判所破毀審判決第A56-72688/2013号事件）。

商品の買主であるウクライナ企業がウクライナにおいて倒産手続に入った後も、契約の有効期限内であれば、返金の可能性はあるとして、回収の努力をすべきだったとする判決がある。この際、倒産手続への債権届出は回収努力には該当しないとされている（2017年2月9日付北西管区商事裁判所破毀審判決第A56-39302/2016号事件）。

帰責性がないとして行政法違反が否定された事案では、ロシア企業は、契約書上の支払期限までに買主のウクライナ企業から代金債権を回収できなかったものの、その後、ウクライナで請求訴訟を提起し、判決を強制執行して、最終的に全額を回収した事案

であった（2010年３月30日付最高商事裁判所監督審判決第1597/09号第A76-23305/2008-5-505/37号事件）。

◇3　技術援助契約

　日本企業によるロシア・ビジネスは、市場調査や製品の輸入販売から始まり、ロシア現地での製造へも発展している。ロシアでの製造は、完全子会社が担うことも、ロシア企業と合弁会社を設立して行うこともある。提携のロシア企業に製造を委託することもある。どのような形態であれ、日本企業が自社の製品をロシアで製造しようとする場合、ロシア企業への技術支援が伴う。

⑴　ロシア企業への技術援助
　ロシア企業への技術支援の内容は、国内・他国での技術支援と大きな差はない。特定製品を製造するための技術情報（特許情報、ノウハウ）の提供や商標の使用許可のほか、技術者をロシアに派遣しての技術指導・現地従業員を日本に招へいしての研修が典型例である。
　対価については、国内・他国の例をみると、技術指導も含めて、一括して「ロイヤリティ」や「ライセンス料」として徴収する場合もあれば、技術情報の使用の対価とは別に、技術指導につき、技術者の時間給や日当を基準に別途費用を請求する場合もある。ロシアでは、技術指導は役務提供（サービス）として技術情報などの提供とは理論的には分けて考えられるべきであるが、移民法や税法の問題があるため、技術指導の契約構成・対価はリスク分析の上決めなければならない（第７章◇3「プロジェクトに基づく日本人の派遣」を参

照）。

　日本企業とロシア企業とのライセンス契約（特許実施許諾契約、商標使用許諾契約など）は、ロシア以外の国の法律を準拠法に選択することができ、実際にロシア以外の国の法律に準拠することが多いと思われる。ただし、対象となる知的財産・権利は、ロシアでの保護のためにはロシア法上有効である必要がある。

(2) 特許・商標のライセンス

　ロシアにおいて国家登録され保護されている特許や商標を、ロシアで実施または使用するためにロシア企業とライセンス契約を締結する場合、ロシア法に従いライセンスも国家登録しなければならない。国家登録がない場合、ライセンス権は認められない（民法1232条2項、6項、1369条2項、1490条2項）。

　ライセンス登録には2ヶ月ほど要するが、特許や商標の登録内容に不備があったり、登録ライセンスの情報と乖離があると、さらに時間がかかる。事前に特許や商標の登録情報を確認しておくことが推奨される。

　特許実施のために日本の技術者がロシアにおいて技術指導を行う場合、上述のとおり、別途契約構成・対価を検討する必要がある。

(3) ノウハウのライセンス

　ロシア事業に関するノウハウ・ライセンスでは、ロシア法が知的財産と認める「ノウハウ」の範囲が問題となる。技術援助をする会社（ライセンサー、以下、「日本企業」とする）の技術者が、援助を受ける会社（ライセンシー、以下、「ロシア企業」とする）の従業員に、口頭で伝える情報もノウハウに含まれるのか、という争点としても現れる。結論は、否であり、日本企業の技術者による技術指導は、上述のとおり、別途検討しなければならない。

◇3　技術援助契約　　*41*

① ロシア法上のノウハウ

　ロシア知的財産法は、「製造上の秘密（ノウハウ）」も、知的財産として法的保護が与えられる対象としている（民法1225条１項12号、条文は「製造上の秘密」と、英語の「Know-how」をそのまま使った語「ノウハウ」を併記しているが、以下、単に「ノウハウ」とする）。ノウハウについては、国家登録は要件ではなく、秘密性が失われるまで、知的財産として保護される（民法1467条）。知的財産権の侵害に対しては、侵害行為の差止めや損害賠償の請求が認められている（民法1252条、1472条）。また、違法に知的財産を利用することは不正競争行為にあたり、行政罰の対象にもなる（行政罰法14.33条２項）。

　ロシアでは、ノウハウとは、以下の要件を全て満たす情報である（民法1465条）。

(a)　科学技術の分野における知的活動結果に関する情報や、専門業務の実施方法に関している（製造上、技術上、経済上、組織上など）。

(b)　第三者に知られていないがゆえに、商業価値または潜在的な商業価値を有する。

(c)　当該情報につき第三者が合法的に自由にアクセスできない。

(d)　情報保有者が、営業秘密管理体制を確立するなど、秘密性を保持するための合理的な措置を施している。

　秘密性保持のための合理的な措置については、2014年10月施行改正前は、営業秘密法が定めている体制に限られていた（2009年３月26日付最高裁判所総会決議第５号・最高商事裁判所総会決議第29号）。これは、2014年10月施行改正前、知的財産法が保護するノウハウ情報と、営業秘密法が保護する営業秘密情報が同義とされていたことによる（旧民法1465条、旧営業秘密法１条１項、３条２号）。

営業秘密法上の営業秘密管理体制は、以下の全ての措置がとられた時点で確立されたとみなされる（営業秘密法10条1項、2項）。

- ・ 営業秘密情報の一覧が確定している。
- ・ 営業秘密情報へのアクセス手続が定められていることにより、アクセスが制限されている。
- ・ 営業秘密情報にアクセスした者および情報を渡された者について管理されている。
- ・ 営業秘密情報を、従業員が利用する場合は労働契約により、取引相手が利用する場合は取引契約により、その利用方法が規制されている。
- ・ 営業秘密情報を含む媒体または書面に、情報保有者（法人であれば、社名、所在地）が明記された上で、「営業秘密」との印が付されている。

　このような体制が要請される情報は、有形媒体に反映され、有形媒体により保持され、ライセンスにあたっては有形媒体により提供される情報に限られることになる。したがって、2014年10月施行改正前は、日本企業の技術者がロシア企業の技術者に口頭で伝える技術情報は、ロシア法では「ノウハウ」に該当せず、かかるノウハウ・ライセンス契約は有効ではなかった。

　2014年10月施行改正後、どのような「秘密保持措置」を確立しておけば、対象情報が知的財産としてのノウハウと認定されるのか、が焦点となる。これまで、営業秘密管理体制を確立する負担が大きい点が問題とされていたが、2014年10月施行改正は管理体制を多様化し、法律の文言上は、負担がより少ない体制も認められる。この点、秘密保持措置の一例として従前の営業秘密管理体制が挙げられていることから考えると、当該体制と同レベルの秘密管理性がある

◇3　技術援助契約　　*43*

体制が推奨される。技術指導について考えるに、日本企業の技術者と、同人から技術指導を受けるロシア企業の技術者に、たとえば、守秘義務を負わせることで相応の秘密保持措置を設けたと認められるかという問いになるが、営業秘密管理体制と同レベルの秘密管理性があるとは言い難い。そのため、技術指導により伝達される情報によるノウハウ・ライセンスは、2014年10月施行改正後も、ロシア法上は認められない可能性が高いと考えられる。

② ノウハウ以外の情報のライセンス

ライセンス契約の対象情報に、ロシア法上のノウハウには該当しない情報が含まれている場合、日本企業にとってはロシアにおける保護を受けられない恐れがあり、ロシア企業にとっては、ライセンス契約の対価（ロイヤリティ）を、税務上、事業費用として損金処理することを、税務当局に否定される恐れがある。

ロシア税務当局は、特に親子会社間の契約を慎重に調査するため、日本企業が、自社子会社や、ロシア企業との合弁会社にノウハウをライセンスし、対価を受ける場合には特に注意を要する。対価を、ノウハウ情報に対する対価とノウハウ以外の情報に対する対価に分けることは難しいため、対価全額の損金処理を否定される可能性がある。ロシア企業において対価の損金処理が否定されるとロシア企業の事業計画に大きく影響しかねないので、ロシア企業に提供する情報の範囲は、ロシア法の観点からの検討も重要となる。

44 第2章 ロシア企業と契約する

第3章 ロシア企業への取引債権を保全する

　ロシア企業が任意に契約を履行しない場合、裁判所や仲裁機関に訴えることになるが、この時点でロシア企業に資産がなければ、現実的な債権回収は望めない。バックアッププランとして債権保全策を検討することが有益である。

　債権保全策はロシア企業側との合意によるところ、ロシア企業の財務状況が悪化してからでは合意を得るのは難しい。合意に至ったとしても、その後すぐにロシア企業側が倒産してしまった場合、債権保全策を取り消される恐れがある。そのため、債権保全策は、取引を始める際に講じなければならない。

◇1　所有権留保販売

　販売取引の債権保全としては、売買代金が支払われるまで売主が所有権を保有しておく所有権留保販売がある。

　ロシアでは、所有権留保の担保的機能についてはまだ大きな議論はなく、倒産手続において所有権留保対象物の取戻しが認められると考えられる。倒産手続において、対象物の返還を請求するか債権を届け出るかの選択の可否が問題となった事案では、対象物の返還が可能であることが前提とされている（2017年3月6日付モスクワ管

区商事裁判所破毀審判決第 A40-106765/14号事件）。

　買主が代金完済前に所有権留保対象物を転売した場合、売主は対象物の所有権を失う可能性がある。無権利者から財産を取得した第三者が保護される制度があるためである（民法302条１項、2010年４月29日付最高裁判所総会決議第10号・最高商事裁判所総会決議第12号37項）。第三者が財産を無権利者から有償で取得した場合、財産が所有者の意思によりその占有を離れており、取得者（第三者）が譲渡人が無権利であることを知らず、かつ、知り得なかったことを証明した場合、所有者は所有権に基づいて取得者（第三者）に返還を請求することはできない。

　所有権留保販売は、所有者の意思により占有を離れた場合に該当する。有償取得の点については、取得者（第三者）が譲渡人の無権利の事実を知った時または知り得た時までに、反対給付を履行していない場合は有償取得をしたとはいえないとされている。取得者（第三者）の善意・無過失については、譲渡人の権限を確認するための合理的な調査を全て実施したことが要請される。所有権留保販売については、公証人を通して当該取引を公示する制度が2017年７月から開始される予定である。公証人を通した公示により、取得者の善意・無過失が否定されうるのかは、裁判実務の蓄積を待つ必要がある。

◇2　親会社・関連会社による保証

　取引債権の保全としては、資力がある親会社や関連者からの保証が検討される。ロシアでは、一つのビジネスを複数のグループ会社で行い、利益を各事業会社に留めておくのではなく、グループ上層の会社またはオーナー個人に吸い上げておくことがある。外国親会

社から保証をとることも好まれる。ロシア以外の国が保証債務の執行地となるからである。この場合、保証の準拠法や紛争解決方法は、外国親会社の国の制度や財産の所在を確認して検討する。

ロシア法では、一般の保証と独立保証の二種類の保証がある。ロシア企業から親会社や関連会社が保証すると提案された場合、何法による保証なのか確定し、ロシア法であれば一般の保証か独立保証か明確にし、内容も形式もどちらかで必ず有効になるように揃える必要がある。

(1)　保証

特定取引において発生した債権や将来発生する債権を保証してもらうことや、会社などの事業者が保証人となる場合、債務者と債権者の間に発生する不特定の債権を一定額の範囲で保証してもらうこと（根保証）ができる（民法361条3項）。

製品を供給する義務などの非金銭債務の保証も明文で認められているが、保証人が供給義務自体を履行する責任を負う連帯債務者となるわけではなく、損害相当額を払う義務を負う（2012年7月12日付最高商事裁判所総会決議第42号12項）。

保証する債務（主債務）が消滅した場合や無効である場合、保証債務も消滅し、または、無効とされる。この点、後述の独立保証とは異なる。

保証は、保証人が債権者に保証を約束するものであるが、ロシア法上、一方的な保証状は有効な保証とならない点に注意が必要である（民法362条、368条2項、434条2項）。通常は、保証人と債権者との間で保証契約が締結される。

(2)　独立保証

(1)の保証では、主債務が無効であれば保証債務も無効であるとい

うように、主債務の瑕疵が保証債務に影響するが、影響がない独立性の高い独立保証という制度もある（民法368条以下）。以前は、銀行のみがかかる保証を提供できたが、2015年6月以降、銀行でなくとも、企業などの営利法人も提供することが認められている。

　独立保証が保証する債務は金銭債務に限られる。保証期間が設定され、保証期間後は、主債務が弁済されなくとも、保証人には請求できない。原則として、独立保証は取消しが認められない。

　保証人が独立保証状を差し出すことも、実務上は、保証人と債務者との間で独立保証契約が締結されることもある。

◇3　銀行による保証

　銀行も、引き続き独立性の高い保証を提供している（銀行保証）。ただし、手数料が高かったり、保証額と同額の預金が要請されたりするため、ロシア企業に銀行保証を用意してもらうことが難しい場合もある。また、保証力が疑わしい銀行もあるので注意が必要である。ロシア中央銀行の発表によれば、銀行・ノンバンク数は、2008年で1,136機関、2016年1月1日現在733機関、2017年1月1日現在623機関である。2015年から銀行ライセンスの撤廃・銀行倒産が続いており、最高裁判所発表の統計によれば、金融機関の倒産件数は、2014年では64件、2015年では83件、2016年では120件である。銀行保証が提案された場合、保証する銀行の信用度を確認しなくてはならない。

◇4 取引企業・関連会社による担保提供

　取引企業自身やその関連会社が換価しやすい財産を所有している場合、それらの財産に担保権を設定することも考えられる。財産がロシアに所在する場合、ロシア法に従って担保権を設定する。一方、財産が英国やサイプロスに所在する場合、ロシア法ではなく英国法やサイプロス法を検討することになる。

(1) 担保制度

　ロシア担保制度は、2014年、2015年に大きく改正され、柔軟な制度へと整備が進められている。

① 被担保債権

　会社などの事業者が担保を提供する場合、担保権実行時に債務者と債権者との間に発生している債権を一定額の範囲で担保する根担保も認められるようになっている（民法339条2項第1パラグラフ）。

② 担保物

　担保権を設定できる対象は、製造設備などの一般動産、在庫などの集合動産、不動産、売掛金などの債権、会社の株式・持分、銀行預金などがある。将来取得する資産も対象となる。

　会社などの事業者が担保を提供する場合、担保物を担保権実行時に担保権設定者が所有する資産全部や特定一部とすることも認められている（民法339条2項第2パラグラフ）。

③ 簡易デューデリジェンス

担保提供の提案があった場合、提供者が担保物を所有している
か、他者の同意なく処分できるかを確認しなければならない。将来
取得予定の資産に担保権を設定する場合を除き、提供者が、実際に
は当該財産の所有権を持たない場合、原則、かかる担保権設定は無
効である（民法335条2項）。担保権者が、提供者が無権利であること
を知らず、かつ、知り得なかったことを証明した場合、担保権の設
定は有効とみなされる。相応の確認作業を怠った場合は知り得な
かったとは認められがたい。

担保物にすでに別の者が担保権を設定していないか、先順位担保
権の存在も確認しなければならない。担保権が設定されている財産
に対しても、原則として、新たに担保権を設定できる（後順位担保
権）。2014年7月施行改正により、後順位担保権の設定を契約で禁止
することは認められなくなり、代わりに、担保権者は、担保権設定
契約において後順位担保権の条件を定めておくことができる（民法
342条2項）。担保権設定者は、先順位担保権の存在を知らせなけれ
ばならず、知らせなかった場合、後順位担保権者が負った損害に責
任を負う。ただし、担保権設定者は、後順位債権者が先順位担保権
の設定を知っていたか、または、知り得たことを証明した場合、か
かる責任を免れる。先順位担保権者が指定した条件と異なる後順位
担保が設定された場合、先順位担保権者は、担保権設定者に損害賠
償を請求できる。ただし、後順位担保権者が、先順位担保権者が指
定した条件を知っていたか、または、知り得た場合、後順位担保権
の内容は指定どおりの条件に従う。

④ 登記・登録

不動産および有限責任会社の持分に担保権を設定する場合、それ
ぞれ不動産登記、法人登記をしないと有効に担保権が設定されたこ

とにならない。動産担保についても登録制度があるが、登録は有効
要件ではなく対抗要件である。

⑤ 担保権の実行

　債務者が契約を履行しない場合、担保物を換価して債権を回収す
る。担保物を換価するには、原則、裁判手続を経て公の競売におい
て売却するが（民法349条1項、350条）、当事者の合意により、裁判
手続を経ずに競売することもできる。さらに、担保権設定者が取引
企業・関連会社などの事業者であれば、相対で売却することも、担
保物を換価せずに、担保権者が担保物を取得し担保物価値分の弁済
を受けたこととする合意も可能である（民法350.1条）。この場合、相
対売却の売却価格や弁済での担保物価値は、市場価格以上でなけれ
ばならない。

　債務者による契約違反が軽微で、担保物価値に比して被担保債権
額が低額の場合、担保権の実行は認められない。被担保債権額が担
保物価値の5％未満で、かつ、被担保債権の支払遅延期間が3ヶ月
に至っていない場合、上記状況と推定される（民法348条2項、抵当
法54.1条）。被担保債権が定期弁済の債権の場合、担保権実行前の
12ヶ月間の支払遅延が4回以上であれば、遅延期間の長短に関わら
ず、担保権の実行が認められる（民法348条3項、抵当法54.1条）。

　どのように担保権を実行して債権を回収するかは、担保権設定後
に合意することもできるが、担保権設定契約の締結時に検討し、合
意しておくことが望ましい。

　ただし、担保権設定者につき倒産事件が開始した場合、合意に
従った担保権実行は認められなくなる（本章◇6(4)③「取引企業（倒
産企業）の財産により担保されている債権」を参照）。

　　　　　　　　　　　　◇4　取引企業・関連会社による担保提供　　*51*

(2) 製造設備などの一般動産

　取引企業や関連会社が製造設備や車両などを所有する場合、かかる動産に担保を設定することが考えられる。契約において担保物の特定が不十分な場合、集合動産に対する担保権設定と扱われる可能性があり、意図した効果が得られない場合があるので注意が必要である。

　有効な担保権設定に登記や登録は要件ではないが、後述の登録制度を利用することが推奨される。

① 担保権者の処分同意

　担保権設定者が、製造設備などの担保物を譲渡する場合、原則、担保権者の同意が必要である（民法346条2項）。担保権設定契約において、担保権者の同意を不要とすることも合意できるが、実務上は少ない。担保物を賃貸などにより第三者に使用させることについては、現在、担保権者の同意は不要である。

　担保権設定者が担保権者の同意を得ずに担保物を譲渡した場合、譲渡自体は有効であるが、担保権者は債務者に即時に被担保債権の履行を求めることができる（民法351条2項3号）。被担保債権が任意に履行されない場合、担保権者は担保権を実行できるかは、つぎの担保物の善意取得者の問題となる。

② 担保物の善意取得者

　担保権者の同意の有無に関わらず、担保物が第三者に譲渡されても、原則、担保権の効力に影響はない（民法353条1項）。したがって、債務者が被担保債権を履行しない場合、原則、担保権者は、第三者が所有する担保物に対し担保権を実行できる。

　動産担保の場合、担保権設定者が製造設備などの担保物をそのままの状況で使用し続けることが多く、担保権が設定されていること

は第三者には分かりづらい。そのため、担保権が設定されていると
は知らずに担保物を購入した者と、担保権者との間ではしばしば争
いが発生し、公平性の観点から問題となっていた。この点を調整す
べく、2014年7月施行改正により、担保物を有償で取得した者が、
担保権の存在を知らず、かつ、知り得なかったことを証明した場合、
担保権は消滅するようになり（民法352条1項2号）、合わせて、動産
担保の公示制度も導入された。

③　動産担保の公示制度

　2014年7月から、動産担保を公証人に通知して、公示する動産担
保通知登録制度が導入された（民法339.1条4項、公証法103.1条以下）。
自動車など法令により識別番号が付されている資産以外に、識別番
号のない資産も対象である。担保権設定者または担保権者が担保情
報を公証人に通知し、公証人がデータベースに通知内容を登録す
る。連邦公証人協会のサイト上であれば、通知番号、担保物または
担保権設定者の情報により無料で検索できる。

▶ Реестр уведомлений о залоге движимого имущества（動産担保通知
　登録簿）

　https://www.reestr-zalogov.ru/

　担保情報の通知は義務ではなく、通知・登録がなくとも担保権の
効力に影響はない。ただし、担保物を購入した第三者は、動産担保
通知登録がされていないことをもって、担保権の存在を知らず、か
つ、知り得なかったことを証明することが認められる。したがって、
登録をしていない担保物が第三者に売却された場合、担保権が消滅
することになる。動産担保通知を登録していない間に担保物に別の
担保権が設定され登録された場合、後から設定された担保権が優先
順位を得る（民法342.1条10項）。

登録は上述の通り一定の法的効果をもたらすが、担保権の有効性や登録情報内容の真性を保証するものではない。契約認証とは異なり、公証人は、担保権設定契約書などの関連書面を確認せず、事務的に通知を登録するに留まる。

連邦公証人協会の2017年1月26日付ニュースによれば、登録数は305万7,438通であり、半数以上が自動車への担保権設定である。

(3) 在庫などの集合動産

在庫などの集合動産一体に対して担保権を設定することもできる（民法357条）。担保物は、「乳製品」などの一般的な性質と保管場所により決められる。担保権設定契約書には、管理についても詳細に定める必要がある。

動産担保の一種であるため、動産担保通知登録制度の対象である。

一方、動産担保の一種ではあるが、特定動産の担保とは異なる点がある。担保権設定者は、担保権者の同意を得ることなく、自由に担保対象の在庫などを処分・使用・加工ができる。ただし、これらの運用を記録し管理しなければならない。また、処分は自由にできるが、集合動産の全体価値は、契約で合意した額を維持しなければならない。担保権設定者が契約に違反した場合、担保権者は担保物の運用を一時的に停止させることができる。担保権者も、一定程度、担保物の管理状況を把握・監視しておかないと、いざという時に担保物がなく、担保の実効性がない。

担保物は、所有権が担保権設定者から別の者に移った時点で担保対象ではなくなる。一方、担保権設定者が、契約が定める担保物の要件（性質・保管場所）を満たす資産を取得した場合、当該資産は、担保権設定者が所有権を得た時点で担保対象となる。

(4) 不動産

　取引企業や関連会社が不動産を所有する場合、すでに銀行の抵当権が設定されていることが多いが、不動産を担保にとることも考えられる。

① 登記制度

　抵当権が登記された時点で、抵当権設定契約は締結されたとみなされ、抵当権が発生する（抵当法10条2項、11条3項）。複数の抵当権が設定される場合、登記の順で優先順位が決定される。

② 抵当権者の処分同意

　動産担保同様、抵当権が設定されている不動産の処分には、抵当権者の同意が要請される（抵当法37条）。

　抵当権者の同意なく抵当不動産が処分された場合、動産担保とは異なり、抵当権者は、処分取引の取消しを請求するか、被担保債権の期限を喪失させ直ちに被担保債権の履行を求め不動産に対し抵当権を実行するか、選択することができる（抵当法39条）。

(5) 銀行預金

　2014年7月に導入された新制度としては、銀行口座への担保権設定もある（民法358.9条以下）。担保権設定者は、担保権実行まで口座を自由に運用できる。ただし、対象口座に一定の残高を維持することを合意した場合、当該残高を下回る結果になる支払いを銀行は処理してはならない。

　担保権の実行は、銀行に通知して担保権設定口座から担保権者口座に資金を移すことによる。担保権の実行手続が開始すると、銀行は対象口座からの支払いなどの運用を停止する。実行時の残高が被担保債権の弁済に充てられるため、一定残高維持を合意していない

◇4　取引企業・関連会社による担保提供　　55

場合、実行時に残高がなかったり、残高が非常に少なかったりして、債権が回収できない可能性がある。

◇5　オーナーなどの個人による保証・担保提供

　オーナーなどの個人による保証・担保提供は、企業による場合と比較し制約があり、債権回収の確率が低くなる可能性がある。

(1)　個人が保証人となる場合

　一般個人は、主債務からの独立性が高い保証である独立保証を提供することはできない（民法368条3項）。また、一般個人は特定債務の保証のみ可能で、根保証は認められない（民法361条3項）。

　保証人が保証債務を履行しない場合、保証人に対する強制執行に進む。保証人の不動産に対し強制執行する場合、保証人と、保証人と一緒に住んでいる家族にとって、その不動産が唯一の居住宅であれば、強制執行は認められない（民事訴訟法446条1項）。

(2)　個人が自動車や不動産を担保として提供する場合

　一般個人が自動車などの動産に担保権を設定した場合、動産を換価して債権を回収するには、競売による。競売は裁判手続を経ても経なくともよく、合意による。担保権者が担保動産を取得して精算することや、相対で売却して換価することはできない（民法350.1条）。

　抵当不動産が抵当権設定者の唯一の居住宅である場合、原則として、抵当権は裁判手続を通して実行しなければならない。債務不履行などの抵当権実行事由が発生した後に裁判外実行を合意した場合は裁判外実行が認められるが、実際には、抵当権実行事由発生後に

56　　第3章　ロシア企業への取引債権を保全する

合意を得ることは難しいと考えられる（民法349条3項、民事訴訟法446条1項）。

抵当不動産が唯一の居住宅ではない場合、裁判手続を経ずに実行できるが、競売を手配し換価しなければならない。抵当権者が抵当不動産を取得したり相対で売却したりして債権の弁済に充てることはできない（民法350.1条2項）。

◇6　取引企業の倒産

取引企業が倒産したと聞いた場合、破産して終わるのか、それとも再建してゆくのか、と考えると思われる。圧倒的に破産して終わる事案が多いが、一般的には、倒産事件開始時点では破産か再建かは指定されない。債権者としては、まず、倒産事件の開始時期、自社の債権の発生時期などを確認する。倒産事件において、債権は、発生時期や性質により異なる扱いを受けるからである。

(1)　一般企業の倒産事件の概要

ロシア倒産手続には、現存財産で債務を返済し会社を清算する清算型手続（破産手続）と、事業を継続しながら債務を返済する再建型手続（外部管財手続、財政再建手続）がある。しかし、倒産事件では、まず、一時管財人が債務者の資産や債務を調査する監督手続が追行される。調査が終了すると債権者集会が開催され、債権者が債務者の運命（破産か再建か）を決議する。実際にどの手続を適用するかは、裁判所が、債権者の意向を踏まえて正式に決定する。申立てから裁判所による破産か再建かの正式決定までの法定最長期間は7ヶ月である。

① 破産手続

裁判所が破産を決定すると、原則、6ヶ月間の破産手続が始まる。破産管財人が、債務者の財産（破産財団）と債務を確定し、財産を換価し債務を弁済する。6ヶ月の延長も認められており、財産関係・債権関係が複雑な事案では、一度の延長では手続が完了せず、財産の換価、弁済の終了、債務者代表者の責任追及などの例外的な場合に限り、複数回の延長が認められている（2012年6月22日付最高商事裁判所総会決議第35号50項）。破産手続が開始した後も、債務者が債権者との間で、債権の一部放棄や支払延期を合意することができ（和解）、この場合、倒産事件は打ち切られる。和解は、債権者の過半数で決定され、裁判所も承認すると、和解に反対した債権者にも和解の効力が及ぶ。2016年の統計では、開始した破産手続は1万4,127件、一般的に手続を終えた事件は1万225件、和解により終了した事件は208件である。

② 再建型手続

再建型手続が実施され成功すると、倒産事件は打ち切られる。ここで成功とは、全債務の返済を意味する。再建型手続には外部管財手続と財政再建手続があり、どちらの手続においても手続自体は、債権放棄などにより集団的に債権者権利を変更することを予定していない。再建型手続遂行中に、債務者と債権者が債権放棄などを合意する和解に至ると、倒産事件は打ち切られる。再建型手続を開始したものの全債務返済の見込みがないと判明すれば、再建型手続は中止され、破産が認定されて破産手続に移行する。破産手続が完遂すると、倒産事件は終了する。

外部管財手続では、外部管財人が債務者の事業経営権を与えられ、事業を改善しながら、債務を返済してゆく。外部管財人は再生計画を策定し、債権者集会で承認を得て計画を遂行する。弁済資金

が蓄積したら、債権順位に従い全債権を弁済する。外部管財期間は18ヶ月とされ、6ヶ月以内の期間延長ができる。2016年に開始した外部管財は365件あり、破産手続に移行した事件は298件、完済により終了した事件は12件、和解により終了した事件は47件である。

　財政再建手続では、管財人が任命されるものの、債務者の経営機関が事業経営権を行使し続け、事業を再建し債務を弁済する。財政再建手続は、事業継続を希望する債務者の出資者（株主）らが、第一回債権者集会に、再建計画および債務弁済表を提出して提案する。財政再建期間は2年以内の期間で定められる。債務者は、期間内に全届出債権を弁済しなければならず、第一順位・第二順位債権については、財政再建手続開始から6ヶ月以内に支払わなければならない。このように手続の早い時期に債務返済が始まり、出資者（株主）らからの資金援助が想定されている。2016年の統計では、開始した財政再建手続は41件であり、破産手続に移行した事件は14件、完済により終了した事件は1件、外部管財に移行した事件は1件、和解により終了した事件は3件である。

③　簡易倒産手続

　例外的に監督手続が実施されず、倒産事件開始後すぐに破産手続が始まる簡易倒産手続がある。倒産事件開始時に、債務者企業の代表者が所在不明である場合、債務者が事業を行っていない場合、債務者財産が倒産事件費用を負担するに足りない場合、また、通常清算を開始した会社につき債務超過が判明した場合に適用される。簡易倒産手続により実施された破産手続について近時の統計はないが、2013年実施事件を調査した記事（strategybusiness.ru）によれば、2013年中に完了した破産手続1万877件のうち、4,459件が簡易倒産手続であった。

④　平均的な実施期間

　手続にかかる期間は、債権者数や事業規模などにより大きく異なる。2013年実施事件を調査した記事（strategybusiness.ru）によれば、平均期間（括弧内は法定期間）は、監督手続が5.73ヶ月（7ヶ月）、破産手続が12.83ヶ月（6ヶ月）、外部管財手続が13.93ヶ月（18ヶ月）、財政再建手続が12.3ヶ月（2年）である。再建型手続は実施しても成功せずに破産手続に移行する例が多く、上記の再建型手続期間は会社が再建を成す平均期間というわけではない。最高裁判所発表の統計によれば、2016年には3.5年を超える案件が3,728件、8年を超える案件が206件係属していた。

(2)　倒産事件の始まり

　倒産事件は、債務者や債権者が申し立てて始まる。債権者が申し立てることが多いので、取引企業が倒産するつもりはないと説明していても、注意しなければならない。2016年は債務者申立てが増加しているが、2015年より個人倒産制度が機能し始めていることも影響していると考えられる。

　濫用的な申立てや不適切な倒産制度の利用を防止する目的で、債権者による申立ては厳格な要件が定められていたが、経済危機時には早期申立てを可能にし債務者財産を保全する法制が主張され、2009年、2015年と債権者による申立要件が緩和されている。

　原則として、国家機関を含む債権者が申し立てる場合、(a)自身の債権額が30万ルーブル以上で、弁済期から3ヶ月を過ぎていなければならない（倒産法33条2項）。さらに、(b)一般債権に基づく申立てには、判決が発効しているか、仲裁判断につき裁判所執行決定が発効していることが必要であり、租税債権に基づく申立てには、税務署の徴収決定・判決発効から30日を経過していることが申立要件となっている。債務者の財務状況は要件になっていない。

表：倒産事件の申立てに関する統計

		2014年		2015年		2016年	
申立件数		41,996		50,779		67,744	
申立人	債務者	8,958	21%	8,322	16%	26,299	38%
	一般債権者	24,201	57%	32,103	63%	36,595	54%
	国家機関債権者	8,836	21%	10,354	20%	4,850	7％
債務者	企業・組織	37,716	90%	40,147	79%	35,292	52%
	個人事業者	4,190	10%	4,550	9％	3,541	5％
	一般個人	90	—	6,082	12%	28,911	42%

出所：最高裁判所発表統計に基づき筆者作成

　(a)の例外は簡易倒産手続での申立てである。この場合、債権額は考慮されない。(b)の例外は銀行による申立てである。2015年７月以降、銀行は、申立15日前までに、法人活動サイトに申立ての意思を公表すれば、個別の判決・仲裁判断なく申立てができる（倒産法７条２項、2.1項）。ただし、申立ての意思を公表したからといって申し立てなければならないというわけではない。

　債務者申立てについては、債務者は、来る期日に債務を返済できないという明らかな状況がある場合に申し立てることができ、また、支払不能の兆候や債務超過の兆候がある場合には申し立てる義務がある（倒産法８条、９条）。2015年７月以降、申立15日前までに、法人活動サイトに事業状況とともに申立ての意思を公表しなければならない（倒産法37条４項）。銀行による申立意思の表明同様、サイトに公表したからといって申し立てなければならないわけではない。

　裁判所は、申立受理から30日以内に申立事由を審理し、監督手続を開始するか否かを決定する。申立受理（倒産事件開始）では弁済禁止などの制限が発生しないため、債務者が、事件開始後、申立事由

◇６　取引企業の倒産　　*61*

審理までに、申立債権者の債権が30万ルーブル未満になるまで弁済することがある。この場合、裁判所は、申立事由審理の結果、申立事由なしとして倒産事件を打ち切る。

(3)　倒産事件情報の確認・取得

　取引企業が倒産したらしいとの情報を得た場合、取引企業自身に確認することが一番早いが、倒産事件に関する情報を提供する公的なサイトなどがあるので、これらのサイトの確認も推奨される（倒産法28条）。ロシア企業の支払遅滞は常態化しているが、遅延期間が延びてきた場合には取引企業との連絡の頻度を高め、合わせて定期的に下記のサイトも確認すべきである。

①　公告

　倒産事件に関する公告、たとえば、各倒産手続の開始や管財人の任命は、一般の公告誌「国家登記公告誌」ではなく、経済新聞「コメルサント」が毎週土曜日に発行する倒産事件専用の冊子に掲載される。掲載情報は、「コメルサント」のサイトでも確認できるようになっている。

▶ Коммерсантъ Объявления о несостоятельности（コメルサント、倒産に関する公告）

http://www.kommersant.ru/bankruptcy

②　事件開始後の情報

　倒産事件ごとに詳細な情報を掲載する公的なサイト「倒産に関する統一連邦登録簿」（以下、「倒産事件サイト」とする）が開設されている。倒産事件サイトでは、倒産債務者ごとに、倒産事件において出された裁判所の決定、債権者集会の開催、債権者集会の決議結果、競売の公告、管財人の報告書などが掲載されている。

▶ Единый федеральный реестр сведений о банкротстве（倒産に関する統一連邦登録簿）

http://bankrot.fedresurs.ru/

③ 事件開始前の情報

倒産事件サイトは、倒産事件が開始された事件の情報を提供しており、倒産事件が開始する前の事項、たとえば、銀行や債務者自身による倒産事件申立ての意思表明や、倒産事件の申立てについての情報は見つけることはできない。倒産事件申立ての意思表明は、法人活動サイトにおいて公開される（法人活動サイトについては、第1章◇3⑴「法人の活動」を参照）。倒産事件の申立てについては、裁判所が申立てを受理した場合、商事裁判所事件情報サイトにおいて受理決定を確認できる。

▶ Единый федеральный реестр юридически значимых сведений о фактах деятельности юридических лиц, индивидуальных предпринимателей и иных субъектов экономической деятельности（法人、個人事業者およびその他経済活動体の法的に重要な活動情報に関する統一連邦登録簿）

http://www.fedresurs.ru/（新バージョン）

http://se.fedresurs.ru/（旧バージョン、新バージョンに移行中）

▶ Банк решений арбитражных судов（商事裁判所判決データベース）

https://ras.arbitr.ru/

④ 法人登記

現在、法人登記上、倒産手続が適用されていることが必ずしも明らかではない。破産手続にある会社につき「清算手続の開始」とされている場合もあれば、代表者欄に倒産手続管財人と記載されている場合もあれば、何ら記載がない場合もある。この点、2017年6月

28日以降、倒産事件の開始、および、適用される倒産手続（破産手続など）は登記事項として法人登記に反映されるとされている（法人登記法5条1項）。

▶ Сведения о государственной регистрации юридических лиц, индивидуальных предпринимателей, крестьянских (фермерских) хозяйств（法人、個人事業者、農業企業の国家登記に関する情報）
https://egrul.nalog.ru/

(4)　債権の地位の確認

倒産事件において、債権は、発生時期や性質により分類され異なる扱いを受ける。まず、倒産事件の開始時期と、自社の有する発生時期を確認する必要がある。

①　事件開始前に発生した債権

事件開始前に発生した債権は、一旦支払いが保留され、後に法定の債権順位に従い弁済される。自社の債権が事件開始前に発生していれば、直ちに債権を届ける。債権を届け出て倒産事件上の債権者と認識されると、債権者集会において決議に参加するなど、倒産事件に参加し倒産法上の権利を行使することができる。債務者の破産か再建かを決定する第一回債権者集会に参加するには、監視手続開始公告から30日以内に債権を届け出なければならない（倒産法71条1項）。

事件開始前に発生した債権は、性質によって順位が決められる（倒産法134条4項）。第一順位は、個人の生命・健康の損害についての賠償請求権である。第二順位は、退職金や給与などの労働債権、著作権者の報酬債権（知的労働と考えられている）である。その他の債権は、第三順位とされる。租税債権は、現行倒産法では優先性を否定され、第三順位である。第四順位債権という分類はないが、第

三順位債権の次に弁済される実質的な第四順位債権もある（以下、
「劣後債権」とする）。破産手続開始後２ヶ月で債権の届出期間が終了
するが、その後に届け出られた債権が劣後債権とされる。財産が少
ない債務者の事案では、後順位の債権は弁済を受けることが難し
い。

②　事件開始後に発生した債権

　事件開始後に発生した債権は、原則、倒産事件中でも適宜支払わ
れる（倒産法５条、134条１項）。倒産事件開始後に提供された商品や
サービスの代金債権は、契約締結が事件開始前であっても、開始後
発生債権となる。賃貸借契約やリース契約などに基づき財産利用に
対し定期的に発生する債権は、事件開始後に期限が到来する期間以
降については開始後発生債権となる（2009年７月23日付最高商事裁判
所総会決議第63号２項）。貸付債権は借主に金銭が渡された時点で発
生し、金銭授受が事件開始後であれば開始後発生債権となる（2009
年７月23日付最高商事裁判所総会決議第63号３項）。

　事件開始後に発生した債権は、期限どおりに支払われなければな
らないが、債務者の財産が不足する場合、まず、手続費用・管財人
費用、つぎに、雇用が続いている従業員の給与や公共料金といった
共益性が高い債権が優先的に支払われる。

③　取引企業（倒産企業）の財産により担保されている債権

　倒産した企業が所有する財産に有効に担保権を設定していた場
合、通常のような担保権の実行は認められないが、一定程度、優先
的に債権を回収することができる（倒産法138条）。ただし、ロシア企
業の財務が悪化した後に同社の財産に担保権を設定し、間もなく同
社が倒産した場合には、担保権設定は取り消される恐れがある。取
り消されると無担保債権の扱いになる。法定担保権は、任意担保権

◇6　取引企業の倒産　　65

と同様の効力が与えられているため、倒産事件においても任意担保権同様に扱われるとされる（2008年12月26日付ヴォルガ・ヴャトカ管区商事裁判所破毀審判決第 A43-11603/2006-36-641/2号事件）。

監督手続が始まると、裁判外でも裁判手続でも、自由に担保権を実行することは認められない（倒産法18.1条１項）。破産手続では、破産管財人が競売により担保物を売却する。再建型手続では、担保物の売却につき裁判所の決定を得る必要があり、倒産企業が再建に担保物が必要であると証明した場合、売却は認められない（倒産法18.1条２項）。

担保物が売却された場合、売却代金の70％が被担保債権の弁済に充てられる（被担保債権が金融機関の貸付債権の場合は80％）。売却代金により弁済されなかった債権部分は、無担保の第三順位債権として扱われる。倒産企業に対する債権が第三者財産により担保されている場合、当該債権は倒産事件では無担保債権として扱われる。逆に、第三者に対する債権が倒産企業の財産により担保されている場合、債権者は、担保物の価格を債権額として債権を届け出て、倒産事件に担保権者として参加する（2009年７月23日付最高商事裁判所総会決議第58号20項）。

担保権者は、限られた場合に債権者集会で議決権を有する（倒産法12条１項）。たとえば、監督手続中の債権者集会決議や、管財人の選定に関する決議である。また、再建型手続において担保物の換価が認められない場合、他の無担保債権者同様、議決権を行使できる。

⑸　倒産企業の親会社の責任

倒産企業に財産がない場合が多く、債権が弁済される確率は低い。そのため、近時、倒産企業の経営を決定する権限を有する出資者などの責任が強化されている。

企業の支配者の作為・不作為で企業が倒産した場合、支配者も弁

済につき責任を負う（倒産法10条4項）。支配者とは、申立前過去3年の間、倒産企業の代表者に強制力を有していた者や倒産企業の経営決定に影響力を有していた者であり、たとえば、50％以上の持分を有する出資者も支配者に該当する（倒産法2条）。2016年9月以前では、申立前過去2年の間、かかる地位を有していた者が責任を負っていた。

　倒産に至るには、様々な外的・内的要因が関係しており、支配者の作為・不作為と倒産との間の因果関係を証明することは難しく責任追及が容易ではない。そこで、2017年6月28日施行改正では、因果関係の推定規定が定められた。たとえば、詐害行為や偏頗行為も含む取引が、支配者により、または、支配者のために、または、支配者の承認の下行われ、結果、債権者の財産権に損害を与えた場合、支配者の責任で企業が倒産したと推定される。

(6)　詐害行為・偏頗行為の否認

　取引相手の財務状況が悪化してきた時期に、焦って債権を回収した場合や、相手の財産に担保権を設定した場合、かかる行為が倒産事件開始後に無効と認定される（取り消される）恐れがある。倒産事件開始の前と後に、一般民事法や倒産法に反して行われた一定の法律行為を、管財人や、届出債権総額の10％相当額を超える債権を有する債権者が裁判手続において取り消す否認制度がある。

　取消しの対象となる法律行為として、第一に、債務者財産を不当に減少させる詐害行為が挙げられている（倒産法61.2条）。たとえば、事件開始前1年以内・開始後に行われた、それぞれの当事者が負う債務が不釣合いな法律行為である(a)。事件開始前3年以内・開始後に行われた、債権者権利を侵害する行為で、債務者に侵害目的があり、相手方が侵害目的を知っていたか、または、知り得た場合も取消しの対象となる(b)。

◇6　取引企業の倒産　　67

第二は、特定の債権者に優先的な弁済・地位を与える偏頗行為である（倒産法61.3条）。偏頗行為とは、すでに発生している債権を担保するために債務者財産に担保権を設定する行為、債権順位を変更させるような行為（一部債権者への弁済など）や、弁済期が到来している債権を支払わずに、弁済期が到来していない債権を弁済するような行為である。かかる行為が事件開始前1ヶ月以内・開始後に行われた場合、取消しの対象となる(a)。かかる行為が事件開始前6ヶ月以内に行われた場合、債権者や取引関係者が債務者の支払不能の兆候・債務超過の兆候を知っていれば、取消しの対象となる(b)。債権者や取引関係者が債務者の関係者の場合、知っていたと推定される。2016年10月以降、債務超過の兆候がある企業は、法人活動サイトに掲載する義務があるが、当該サイトへの掲載と債権者の悪意については、法令上明確になっていない（法人活動サイトについては、第1章◇3(1)「法人の活動」を参照）。被担保債権の弁済や担保権の実行も、その結果、債務者財産が減少し、倒産事件の第一順位・第二順位債権の弁済源資がなくなる場合なども、偏頗行為として取消しの対象となりうる場合がある（2010年12月23日付最高商事裁判所総会決議第63号29.3項）。

　法律行為が取り消され、弁済などにより受領した金銭を債務者に戻した債権者は、(a)の場合、第三順位債権を有し、(b)の場合、第三順位債権の次の劣後債権を有する（倒産法61.6条、2010年12月23日付最高商事裁判所総会決議第63号27項）。

　取消しの請求は、裁判所発表統計によれば、2014年は1万1,127件、2015年は1万5,443件、2016年は1万8,979件であった。

第4章　ロシアに進出する

　一定規模のビジネスを行う場合、ロシアに何らかの拠点が必要となってくる。販売であれば、ロシア企業を販売店や代理店に指定して一種の拠点とすることがあるが、ビジネスをより近くで管理するとなると、やはり自社拠点が好ましい。新たに拠点を設置するほか、既存のビジネスを買収して拠点とすることもある。また、拠点運営を自社のみで行うことも、合弁会社においてロシア・パートナーの協力を得て行うこともある。

◇1　拠点形態の選択

　ロシアに拠点を置いて活動する場合、ロシア会社（法人）、外国会社の支店・駐在員事務所の形態が考えられる。

　会社や企業活動に関する民事法令は、連邦レベルで統一された法令が制定されている。したがって、連邦構成主体（たとえば、モスクワ市、モスクワ州、タタルスタン共和国、サハリン州）により会社法制が異なるということはない。ただし、各地の国家当局や公証人が関与する法律の執行段階では、内部ルールや、担当者・公証人の個人ルールが散見され一様ではない。

69

(1) 会社

外国資本の会社であっても、原則、内国資本の会社と同様に扱われ、特別な会社形態、設立手続や許認可制度は存在しない。ただし、ロシア政府により国策上重要と認定されている産業（資源開発、軍需、メディア、鉄道事業等）において活動する会社に、外国会社が一定割合の議決権を取得する場合など、ロシア政府の事前承認や事後通知が要請され、この点は、内国資本会社とは異なる（戦略産業法6条）。サービス業、小売業などの一般ビジネスに対する外資規制はない。また、外国資本が49%超の会社は中小企業とは認定されず、中小企業向けの様々な優遇を受けることはできない（中小企業法4条1.1項1号(a)）。外国企業が設立するロシア子会社の形態としては、株式会社や有限責任会社が検討され、上場を予定しているのでなければ、有限責任会社が選択されている（株式会社と有限責任会社については、第5章◇1(1)「株式会社との相違」を参照）。

ロシア会社への出資は、日本の本社からではなく、イギリスやドイツに所在する欧州統括会社などから出される場合がある。どの国から出資するかは、個々の会社の事業割や、出資会社の登記国とロシアとの間の租税優遇などが考慮される。また、出資者1名によりロシア会社を設立する場合、当該出資者の出資者が1名であること（一人会社による一人会社の設立）は認められない点も考慮される。実務上、一人会社による一人会社が有効に登記される場合があるが、会社設立後に、特に登記や定款を変更する際に問題視され変更が拒否されると事業に支障をきたすので、一人会社による一人会社の設立は避けることが望ましい。たとえば、日本本社の100%子会社がイギリスにある場合、このイギリス子会社がロシアに100%子会社を設立することは認められず、ロシア会社にはイギリス会社が90%、日本本社が10%出資するといったようなストラクチャーを考えなければならない。

ロシア会社は出資会社とは別個独立した法人のため、ロシア会社が負う債務・責任は原則として出資会社には及ばない（例外的に出資会社に及ぶ場合については、第5章◇5「出資者の責任」を参照）。ロシア会社への資金援助は、別法人への資金提供となるため、法務上、税務上、注意を要する（第5章◇2(2)「親会社からの資金調達」を参照）。

(2) 支店

支店は、原則として、会社同様の事業活動ができる。事業ライセンスの取得も可能であるが、実務上、ロシア会社による取得と比較し手続が煩雑である。支店は、外国会社の一組織であるため、外国会社が取得することができない事業ライセンスは取得できず、外国会社による所有が認められない農業用地などの土地を取得することはできない点で、ロシア会社と比較し事業活動が限られる。また、支店による輸入・通関も、実務上、ロシア会社による場合より限られ、支店形態での進出は、輸入販売を伴わないサービス業において利用されることが多い。

支店は外国の本店と同一法人であるため、ロシア支店に発生した債務・責任は、当該法人が負う。本店から支店への運転資金の提供は、同一法人内の資金移動であるため、ロシア子会社への資金提供より簡易である。ロシア外国為替法上、外国会社の支店は非居住者に該当するため、ロシア会社などの居住者に対する規制は適用されない（外国為替法上の居住者に対する規制については、第2章◇2「国際送金による決済」を参照）。

(3) 駐在員事務所

駐在員事務所の活動は会社や支店に比較し狭く、民事法上、商業活動（収益活動）に従事することは認められていない（民法55条1

項)。連絡調整、情報収集や市場調査といった活動が想定されている。

　ロシアに開設する駐在員事務所を日本本社の事務所とするかイギリスやドイツなどに所在する会社の事務所にするかを決めるにあたり、社内のビジネス・ラインのほか、実際の予定活動が考慮される場合がある。たとえば、イギリス子会社の駐在員事務所が、主に日本本社によるロシア・ビジネスに関して活動する場合、恒久的施設いわゆる PE（Permanent Establishment）と認定され、当該活動に関してロシアにおいて納税する義務を負うリスクがあるためである。

　駐在員事務所は外国の本店と同一法人である点で、支店同様の扱いとなる。

⑷　運営事務・行政監査

　ロシア・ビジネスについては、一般的に多くの書面が要請される。民事法令上、書面がなくとも問題がない場合でも、税務・会計・労務上、書面が要請されることがある。そのため、ロシアで拠点を維持・運営するための事務作業量は膨らみ、費用がかさむと云われる。

　労務関連作業は拠点形態によって異なることはなく、雇用人数が多ければ作業量も多くなる。

　概して、会社形態のビジネスは事業規模が大きくなるため、書面作業も多くなる。会社では、年次財務諸表を作成し管轄税務署や国家統計局に提出しなくてはならず（会計法6条1項、18条、税法23条1項5号）、資金の授受には、会社法、税法や外国為替法の要請により、特定書面を整備し、または、特定手続を経なければならない。支店や駐在員事務所でも、税務申告や年次活動報告書の提出といった一定の事務は発生するが（税法307条8項）、事業・活動は大きくないので、会社と比較すると負担は少ない。

ロシア政府は、近時、行政監査の費用対効果の観点から、一律の監査ではなく「Risk-Oriented（取捨選択型）」として、各監督官庁による調査を減らす方針を打ち出している。たとえば、税務調査では、事業規模が小さい場合には調査の可能性は低く、一方で、脱税が疑われる兆候が見られる会社を選定して調査を実施している。もっとも、行政監査の減少により監査対応にかかる時間・手間は減るものの、法令遵守のための事務作業自体が減るわけではない。

移民局などの当局による調査は、従業員の告発などにより実施されるほか、前年末に発表される1年計画に基づいても行われる。多くの監督官庁による計画監査は、検察庁が開設している特別なサイトにおいて、社名、登記番号や納税者番号により検索し、確認することができる（行政監査法9条5項）。

▶ Единый Реестр Проверок（調査統一簿）
https://proverki.gov.ru/

税務、外国為替、銀行・保険業務などに関する監査は、当該サイトには含まれない。税務調査も当該サイトには含まれないが、連邦租税局は調査対象の選定基準を明らかにしている（2007年5月30日付連邦租税局令第MM-3-06/333@号）。選定基準は、当局が脱税の兆候と考えるものであり、たとえば、財務諸表または税務申告において2暦年以上、損失が認識されている、税務申告において一定期間に多額の損金算入がされている、従業員一人当たりの平均賃金が当該地域の同業事業者の平均賃金より低い、税負担が同業事業者の平均的な税負担を下回っている、採算性が同業事業者の採算性より10%下回っている、管轄税務署が変更されるような住所変更を頻繁に行っている、といった点が挙げられている。

◇1　拠点形態の選択　　*73*

◇2　拠点の開設

　拠点開設にかかる時間は、書面準備から銀行口座の開設まで、金融機関などの特殊事業会社ではない一般的な会社であれば、会社も支店・駐在員事務所も大差はなく、2ヶ月から3ヶ月である。株式会社の場合、その後、株式発行に1ヶ月半程度を要する。

　会社の場合は法人登記、支店・駐在員事務所の場合は活動認証による登録が必要である。そのほかに、会社も支店・駐在員事務所も税務登録、年金基金登録、社会保険基金登録、国家統計局登録をしなければならない。現在、会社の設立も外国会社の支店・駐在員事務所の開設も連邦租税局が申請窓口となっており、各種登録が自動的に進められてゆくワン・ストップ制度（ワン・ウィンドウ制度）が導入されている。各種登録が完了した後に銀行口座を開設できる。

(1)　有限責任会社の設立

　ロシア政府は、有限責任会社の設立手続の簡素化に努めているが、一方で、違法活動に利用される空会社の設立を阻止するために、特に会社登記住所に関連して設立登記申請が却下されることがある。登記住所が多数の会社が登記されている「マス・レジストレーション住所」である場合、不当な目的で設立される会社と疑うからである。

　会社設立登記のための法定の申請書面は、申請書、設立決議書、定款、登記手数料支払いの確認書、外国会社による設立の場合は当該外国会社の登記簿謄本である。そのほか、実務上は登記住所を確認するための書面（賃貸人による確認書面など）や、申請書面をロシアで公証するために必要な諸書面、出資者が2名以上の場合は登記

機関に提出しないが設立契約を準備する必要がある。必要書面の作成、収集、翻訳には1ヶ月ほど要し、活動の基本規則である定款の作成に時間がかかることがある。たとえば、定款自治といってもロシア有限責任会社法による制限があるため、日本や他国の会社の定款を利用して策定したものの、ロシア法でのレビュー後、ロシア法に沿って検討し直す必要が生じることがある。標準定款制度が機能し始めれば定款が策定されないので、有限責任会社の設立期間は短くなると考えられる。出資金の事前払込義務は2015年5月に廃止され、出資金は設立登記から4ヶ月以内に払い込めばよい（有限責任会社法16条1項）。

　管轄税務署において申請書面が受理され問題がなければ、3営業日以内に登記がされる（法人登記法13条3項）。日本企業がロシア子会社を設立する場合、登記申請が受理されない事由、却下される事由は書面不備・書面の記載不備である。事業内容や政治的な理由で却下されることはないと考えられる。税務署は、概して、書面の記載方法に厳しい上、書面の差替えや追加提出を受け付けない。申請却下の場合には提出書面は返却されないので、再度、申請書面一式を揃えて申請し直すことになる。この点、書面の正式な事前審査制度も提案されているが、法制化には至っていない。上述のとおり、「マス・レジストレーション住所」を登記住所として申請すると、登記機関は審査に慎重になり、登記住所の確認ができずに「書面不備」として申請が却下されることがあるので注意が必要である。大型連休がある5月や年末年始の長期休暇前後で登記機関の人手が少ない時期に申請をすると、3営業日以内に処理できないために「書面不備」とだけで却下されることもあるので、申請時期にも注意が必要である。

　設立登記がされると、順次、そのほかの登録が進められてゆく。申請から1ヶ月ほどで各登録が完了し銀行口座が開設される。会社

の存続期間に制限はなく、外国資本の会社であっても、無期限とすることも期限を設定することもできる。

　設立登記の費用は、4,000ルーブルである（法人登記法3条、税法333.33条1項1号）。

コラム：標準定款

　有限責任会社には2015年12月末に標準定款制度が導入され、複数の標準定款のうち一つの適用を選択することができるが、2017年3月現在、まだ利用することはできない。標準定款を選択した会社は、定款を書面では保有せず、個別定款が登記されることはない。法人登記簿には適用する標準定款の種類が記載される。社名、所在地、定款資本金額、支店・駐在員事務所の開設といった個別事情は標準定款には記載されず、法人登記簿にのみ反映される。たとえば、引越しをして所在地が変わった場合や増資をした場合、個別定款を有する会社では、登記事項を変更するほか、定款を変更して変更定款を登記するが、標準定款を利用する会社では、登記事項のみを変更する。標準定款導入後も、標準定款を利用せずに、従来どおりに個別定款を作成することが可能である。標準定款は連邦租税局のサイトで発表されるとされているが、2017年3月現在、発表されていない。

---

(2)　支店・駐在員事務所の開設

　外国会社の支店と駐在員事務所の開設手続は同一である（外国投資法21条）。2015年1月以降、外国金融機関事務所を除き、外国会社の支店・駐在員事務所の認証・登録の権限が連邦租税局に与えられ、会社設立同様、連邦租税局（モスクワ市47番広域税務局）によるワン・ストップ制度が採られている。

事務所の認証・登録にあたっては、申請書面の作成、収集、翻訳の期間は会社設立より短くなることが多い。申請書面は、会社設立の場合に類似し、申請書、開設決議書、事務所規則、所長への委任状、開設会社の登記簿謄本、開設会社の定款などであるが、活動の基本規則である事務所規則は形式的な点が多く、その作成に会社設立での定款作成ほど時間がかからないためである。

　所長も含めて外国人を雇用する場合、申請前に、ロシア連邦商工会議所に雇用予定外国人の人数などを申請し合意しなければならない。かかる手続は、会社設立では要請されない。

　連邦租税局において申請書面が受理され問題がなければ、25営業日以内に認証が決定される。認証・登録が認められれば、その後は会社設立と同様、自動的に各種登録がなされてゆく。申請から銀行口座開設まで2ヶ月ほどかかる。認証の期間は、2015年以降、無期限となっている。

　認証・登録の費用は、12万ルーブルである（法人登記法3条、税法333.33条1項5号）。

◇3　拠点の閉鎖

　ロシア会社の清算も、外国会社の支店・駐在員事務所の閉鎖も、概して長い時間がかかる。契約関係を終了し資産も売却し従業員も退職した空の状態にしてから、法的に清算手続・閉鎖手続を開始する場合、税務紛争などの問題が発生しなくとも、清算・閉鎖の完了まで6ヶ月から1年ほどかかる。

(1)　会社の清算
　出資者が、会社の清算を決議し、清算手続開始が登記されると、

税務署・各基金がこれまでの納付状況を調査し始める。各機関による調査にも時間がかかるが、調査後の最終確認書発行にも時間がかかる。清算期間が1年を超えることもある。この点、2017年9月1日施行改正は、有限責任会社の清算は1年以内に終えるものとし（有限責任会社法57条6項）、延長が必要な場合、裁判所の決定により最長6ヶ月の延長が認められている。

　税務調査と並行して、各種清算手続が進められてゆく。清算の公告から2ヶ月間の債権届出期間が設けられ、届出期間満了後に中間清算貸借対照表を登記機関（連邦租税局）に提出する。税務調査が終了し未納の税金や社会保険料などがない点が確認され、その他資産・負債が「ゼロ」となると最終清算貸借対照表を登記機関に提出する。会社の清算が登記された時点で会社自体は清算されたとみなされるが、人事関連書面を国家古文書保管所に移管し、社印の抹消手続を行い、清算手続は完了する。

　税務調査は清算する事業年度および過去3事業年度が対象となるため（税法89条4項第2パラグラフ）、対象事業年度に活発に活動していると調査期間が長くなりうる。税金などの追徴が求められたのに対し会社側が同意できない場合、税務紛争に発展し、紛争が解決するまで清算は完了しない。税務署との争いの可能性を低くするために「会社を3年間休眠状態にしてから清算する」場合がある。ただし、会社の「休眠制度」が存在するわけではないので、休眠期間中も、税務会計上の業務は要請され、途中で税務調査が入ることもある。人員体制としても、少なくとも会社の代表者を雇用し最低賃金以上の給与を払い、人事管理上の諸手続も継続しなければならない。

(2)　支店・駐在員事務所の閉鎖

　支店・駐在員事務所の閉鎖は会社清算手続に類似するが、債権届

出期間の設定、清算貸借対照表の策定・提出はないため、一般的には会社清算よりも短い時間で完了する。駐在員事務所が商業活動はしない拠点であることを前提とすれば、会社・支店に比較すれば、税務調査に時間はかからないということになる。ただし、駐在員事務所が実際には商業活動とみなされうる活動をしていたと、税務署が疑う場合、調査期間が長くなり、さらに納税を求められることがある。

　税務署との争い回避のために3年間以上「休眠状態」にすることがある点も、また、休眠中も各種法令遵守業務が発生する点も、会社清算と同じである。

◇4　既存会社・既存事業の買収

　ロシア進出にあたり、既存の会社の株式や持分を取得することや、会社を新設し、新設会社に、既存の会社から必要な資産、契約や従業員を移すことが考えられる。目的の事業が既存会社の一部である場合、事業譲渡や会社分割も考えられる。しかし、ロシアでは、財産的一体としての事業は不動産として扱われ、その譲渡は手続が煩雑なため広くは利用されておらず、財産や契約関係を個別に譲渡する方法が採られている。会社分割には、半年は時間がかかることから、目的事業の規模、目的契約・財産によっては個別の譲渡が選択される。

(1)　事前の調査

　ロシア企業・事業の買収も、他国での買収と同様の方法で進められる。対象会社の価値や状況を把握するために、鑑定や各種デューデリジェンス（DD）が行われる。財務DD、税務DD、法務DDの

ほかに、環境問題、IT システム、工場設備の技術などについて特別にDD が行われることがある。

　最初に、対象会社や事業のオーナーの概要・背景・評判を調査する信用性DD が実施されることがある。目的の事業を複数の会社で行っていたり、企業グループが資本ではなく人脈で繋がって形成されていることもあるため、信用性DD を実施し、広い意味での企業グループ・関連会社を明らかにしてから、各種DD の範囲を絞ってゆく。また、日本企業として、コンプライアンス上、そもそも交渉・協議を進めることが許される企業・オーナーなのか、買収後、合弁事業としてロシア・ビジネスを行う場合、合弁パートナーとして適切なのか判断するためにも信用性DD が行われる。

　ロシア企業グループでは、各社の財務諸表とは別に、企業グループ全体で収益を管理するマネジメント・アカウントが作成されており、財務DD では、かかるアカウントのレビューが重要となる。税務DD では、多くの関連会社間取引による過度な節税スキームが判明することがある。法務DD では、不動産の私有化過程が不確かであったり、再開発のために登記が不完全であったり、不動産の権利関係を確定することが難しいことがある。工場を買収する場合、「操業許可」の有無が問われることがあるが、工場の操業にあたって操業許可という一つの許可を取得する制度ではない。特定危険設備の利用の許可、当該設備の登録、特定資格を保有する技術者の雇用、トレーニング実施など、諸条件を満たしていることが要請される。

⑵　新株の引受・出資

　対象会社を100% 所有するのではなく、一出資者になる場合、対象会社に第三者による増資を実施してもらい、株式・持分を取得する方法がある。この場合、日本企業側が買収のために支払う資金は、対象会社に入る。

(3)　株式・持分の譲受け

　既存の会社所有者（株主、出資者）から、株式・持分の一部または全部を譲り受けて、対象会社を取得する方法もある。この場合、日本企業側が買収のために支払う資金は、既存の会社所有者（株主、出資者）に渡る。以下、有限責任会社の持分を譲り受ける場合についての留意点を何点か挙げる。

①　第三者による権利放棄

　複数の出資者がいる会社においては、特定の出資者が自身の持分を一部または全部売却しようとする場合、他の出資者は優先的に購入する権利を有する（有限責任会社法21条）。そのため、複数出資者がいる会社の持分を譲り受ける場合、他の出資者に優先購入権を放棄してもらう必要がある。また、対象会社の定款が、会社自体にも優先購入権を与えている場合、会社にも優先購入権を放棄してもらわないと、持分を譲り受けることができない。対象会社の定款が、持分の譲渡に出資者や会社の同意を要求する場合、同意も得る必要がある。持分の譲渡人が個人であり、配偶者を持つ場合、持分譲渡につき配偶者の同意も得なければならない。

②　連邦独占禁止局の承認

　自社や買収対象会社の財産や売上げの規模によっては、競争保護法により、連邦独占禁止局の事前承認が要請される（競争保護法28条1項）。現在、事後届出制度は廃止されている。たとえば、日本企業が、ロシア会社（対象会社）の持分を譲り受け、3分の1を超える持分を取得する場合で、以下のどちらかの条件を満たす場合、連邦独占禁止局の事前承認を取得しなければならない。日本企業側と対象会社側の最新の貸借対照表上の資産簿価合計が70億ルーブル超であり、対象会社側の資産簿価が4億ルーブル超である場合か、日本企

業側と対象会社側の前年度の売上合計が100億ルーブル超であり、対象会社側の資産簿価が4億ルーブル超である場合が該当する。資産や売上げを算定する際には、譲り受ける会社や対象会社のほかに、それらの関連会社や関連者の資産・売上げも合算される。対象会社側の資産簿価基準は、2016年7月より、2.5億ルーブル超から4億ルーブル超に引き上げられている。

事前承認の可否は申請から30暦日で判断されるが、グループ会社も含めた会社に関する書面の準備・翻訳に時間がかかることがあるので、スケジューリングには注意が必要である。

③　譲渡契約の公証・法人登記の変更

2009年7月以降、有限責任会社の出資持分の譲渡手続が厳格になっている（有限責任会社法21条）。かかる厳格化の背景には、出資者が知らない間に、偽造契約に基づき自身の持分が他の者に譲渡され会社が乗っ取られたという事例が横行していたことがある。

原則、持分譲渡契約など譲渡の原因契約には、公証人による認証が要請される。公証人に譲渡人の権限、譲渡の有効性、第三者の権利や必要な承認を確認させ、公証人に不正な譲渡を防ぐ機能を負わせている。さらに、有限責任会社の出資者構成や出資者情報は登記事項であるため、持分の譲渡は登記変更も伴う。この際の変更登記手続は、契約を認証した公証人が申請者として行う。譲渡時期につき当事者で別段の合意がなければ、公証人は、認証から2営業日以内に変更登記を申請する。持分の譲渡（出資者構成の変更）は、2016年1月以降、認証の時点ではなく、登記された時点で認められる（有限責任会社法21条12項）。

ロシア有限責任会社持分の譲渡契約の準拠法を外国法とすることも認められるものの、ロシア法が定める上記の手続を経ないと持分は有効に譲渡されず、ロシア公証人は、通常、外国法を準拠法とす

る契約を認証しないため、結局のところロシア法に準拠した譲渡契約が必要になる。2015年6月以降、ロシア法においても、会社買収の譲渡契約に一般的に定められるオプション、表明・保証や補償などの概念が導入されているが、裁判実務は十分に蓄積されていないため、変更登記のためにロシア法に準拠した簡易な譲渡契約を締結し、合わせて外国法に準拠した譲渡契約が締結されることがある。

(4) 資産の買収

　企業買収のためのデューデリジェンスで「過度な節税」が判明し、買収対象会社に税務リスクが潜在する場合や、事業に必要な資産、契約や人材が複数の会社に帰属している場合などに、既存会社を買収するのではなく、会社を新設して必要資産を買い入れ、契約・雇用を切り替える方法が検討される。事業ライセンスの譲渡は認められないので、事業ライセンスは、新設会社において取り直す必要がある。譲渡資産に不動産が含まれる場合、不動産登記の変更も行わなければならない。特許権や商標権を譲渡する場合には、知的財産局にその旨を登録しなければならず、また、ロシアでは、特許実施権や商標使用権も登録対象なので、それらの譲渡も登録を要する。工場の不動産や設備を個別に譲り受ける場合、工場の運営会社が変わるので、新たに運営会社名義で、各種安全許可など工場操業の諸条件を満たす必要がある。

◇5　合弁会社（ジョイント・ベンチャー）

　現地パートナーと、資金、人材、有形資産（製造設備、工場等）や無形資産（知的財産権、現地ビジネスの経験、販売網等）を提供し合い、共同で事業を行う合弁事業は、外国ビジネスの成功モデルの一つで

ある。

(1) 協議・交渉を始める前の確認事項

　ロシア企業から合弁会社を持ちかけられた場合、まず、合弁会社ではないといけないのか、日本側が提供するもの、ロシア側に提供を期待するものを明確にして、十分に検討しなければならない。ロシアやロシア・ビジネスはよく分からないので現地パートナーが必要だと云われるが、独資でロシア会社を運営している日本企業もある。不動産や工場に関する許認可は複雑だと云われるが、独資で製造を手掛けている日本企業もある。ロシア側が設備を提供するといっても、旧式のために合弁事業で利用するには適さない場合もある。ロシア企業との協同ということからすれば、総合販売店の指定、技術援助や生産委託のように提携関係を結ぶことも考えられる。

　ロシア企業との合弁会社が最適なモデルだとして、当該ロシア企業が、ビジネス上、コンプライアンス上、適正なパートナーであるかを調査・確認しなければならない。ロシア・パートナーの調査方法は第1章で取り上げたが、合弁事業パートナーについては、専門調査会社に信用性調査を依頼することが推奨される。

(2) 合弁ストラクチャー（合弁会社の設立国）

　ロシア企業と合弁会社を設立すると決めた場合、合弁ストラクチャーを確定しなければならない。

オンショア・スキーム：単純な合弁ストラクチャーは、ロシア側と日本側が、ロシア会社に出資してロシアに合弁会社を保有するオンショア・スキームである。ロシアには「合弁会社」という特定の会社形態はないので、合弁会社は、ロシア法上の会社形態である株式会社や有限責任会社となる。この二形態では、将来上場を

予定していないのであれば、柔軟に組織・運営を決定できる有限責任会社が選択されやすい。

オフショア・スキーム：オンショア・スキームに対し、ロシア以外の国に合弁会社を設立して、当該合弁会社が、ロシアに100％子会社を保有するオフショア・スキームも活用されている。合弁会社がロシアではない国に設立されるので、合弁会社の運営や出資者間の関係は、原則、ロシア法の適用を受けず、他国法に依ることができる。近年、ロシア合弁会社にまつわるロシア法制が改正され整備されつつあるが、裁判実務が十分ではないため、法的安全性の観点からオフショア・スキームが選択される。オフショア・スキームでは節税効果も期待されるため、合弁会社の設立国の選定に際しては税効率が比較分析される。イギリス、オランダ、サイプロス、ドイツなどが検討されることが多い。

オフショア・スキームでは、二つの会社を運営することになるため、当然ながら運営費用がかさむ。投資規模が大きくない場合、リスクを分析・確認の上、オンショア・スキームが選択されることもある。

コラム：合弁事業の形態

　共同で事業体を構成する場合、ロシアでは、出資者の責任が限定される法人形態が一般的である。出資者（組合員）の責任が限定されていない組合形態が選択されることは少ない。この点、ベンチャー企業を念頭に一部の組合員の責任を有限とする組合形態「投資組合」が2012年に導入されている。投資組合契約は公証され登録されなければならないところ（投資組合法8条）、連邦公証人協会のサイトによれば、2017年3月末時点で登録されている契約

は37契約のみである。

　法人形態の場合、比較的柔軟な組織・運営ができる有限責任会社形態が採用される場合が多い。上述の投資組合同様、ベンチャー・ビジネス促進のために、有限責任会社よりも柔軟な組織・運営が可能な商事会社が2012年に導入されているが、2017年3月末時点の登記数は46社であり、利用度は高くない（商事会社については、第5章◇1⑵「商事会社との相違」を参照）。

⑶　合弁会社の組成方法（オンショア・スキーム）

　合弁会社の組成方法としては、ロシア・パートナーと一緒に会社を新設する方法がある。外国会社が設立に参加するとしても、原則、特別な手続はない（本章◇1⑴「会社」および◇2⑴「有限責任会社の設立」を参照）。

　ロシア・パートナーが土地、工場や設備を提供する場合、ロシア・パートナーが新設会社に現物出資するか、または、ロシア・パートナーも現金出資をした上で新設会社が資産を購入することが考えられる。税務の取扱いや会計処理に優位となることがあるためや、現金を用意しなくともよいため、ロシア・パートナーは前者を提案することが多い。

　ロシア・パートナーが所有する既存会社に追加出資する方法や、ロシア・パートナーから株式・持分を一部譲り受ける方法もある（本章◇4「既存会社・既存事業の買収」を参照）。

⑷　合弁会社に関する契約（オンショア・スキーム）

①　合弁契約の合意範囲

　合弁会社を運営するにあたり、合弁会社・事業について合弁契約

が締結される。ジョイントベンチャー契約、SHA（Shareholders Agreement の略）や、合弁会社が株式会社であれば株主間協定と称されることもある。ロシア法では、株式会社の株主間協定および有限責任会社の出資者間協定を包括する概念としてコーポレート契約という契約が規定されている（民法67.2条）。

　日本企業がロシア会社について合弁契約を締結する場合、合弁契約は、現在、ロシア以外の国の法律、たとえばイギリス法に準拠して締結することができる。ただし、ロシア以外の国の法律に準拠する場合であっても、ロシア法の強行法規には従わなくてはならない。ロシア法上、どの規定が強行法規に該当するのかは、裁判実務がなく明確ではないが、会社組織についてはロシア会社法による。また、合弁契約の準拠法に関わらず、合弁契約により競業避止義務や購入義務を定めようとする場合、市場競争を阻害する合意を認めないロシア競争保護法に反しないようにしなければならない。

　コーポレート契約においては合意できる範囲が明確ではないが、他国ビジネスや他国法を準拠法とした合弁契約と同様、様々な事項が盛り込まれる。たとえば、合弁会社の組成方法・手続事項、機関設計、機関の権限・決議手続、事業活動、関連契約、配当、資金調達、従業員、持分（株式）の譲渡、合弁事業解消の時期・方法、紛争解決方法などが含まれる。

　ロシア法上、コーポレート契約に必ず含めなければならない事項は法定されていない一方、コーポレート契約とは、法律や定款に定められる株主・出資者の会社法上の権利（コーポレート権）の行使についての合意であると、その範囲が限定されているように考えられる。合意内容の例として、議決権の行使方法、特定価格での持分（株式）の取得・処分、特定事象が発生した場合の持分（株式）の取得・処分、特定事象が発生するまでの譲渡禁止が挙げられている。会社の機関設計やその権限は、法律および定款により決定されるので、

◇5　合弁会社（ジョイント・ベンチャー）　　*87*

合弁契約で合意・決定することはできない。ただし、法律が許す範囲で特定の機関設計や権限を定款に定めるよう出資者総会（株主総会）で投票する義務を合弁契約に含めることは認められている。たとえば、代表者の任命権限は、法律上、出資者総会（株主総会）または監督役員会に与えられているため、合弁契約において、特定出資者が代表者を任命することを合意することは認められないが、特定出資者が推薦した候補者を代表者に任命するように投票することは合意できる。

②　合弁契約の当事者

　ロシア法上、合弁契約は、合弁会社の出資者全員が締結することも、一部の出資者のみが締結することもできる。ただし、出資者全員が締結しない場合、機関決定を争えなかったり（後述④「合弁契約の不履行」を参照）、紛争解決に仲裁を利用できない可能性がある（第8章◇4(3)「仲裁により解決できる紛争」を参照）。会社債権者や出資者候補など法的利益を有する第三者も、出資者との間で合弁契約を締結し、出資者のコーポレート権の行使をコントロールすることが認められている。たとえば、債権者は、会社の責任財産を確保するために、契約当事者となっている出資者に対し配当決議を制限することが考えられる。

　他国の合弁契約では合弁会社自身も当事者として契約を締結する場合があり、ロシア法にコーポレート契約が導入される際に議論がされた点である。しかし、改正議論を勘案すると、会社自身は当事者にはなれず、合弁契約により会社を拘束することはできないと考えられる。

③　合弁契約の開示

　合弁契約を締結した出資者は、締結した事実を会社に通知しなけ

ればならない。上場している株式会社では、一部内容についても通知義務がある。ロシア会社についての合弁契約は登記機関などの当局に提出し開示する必要はない。ただし、持分とは異なる割合での権限分配が定められている場合、その内容が登記事項となっている。

④ 合弁契約の不履行

ある出資者が合弁契約での合意に反して議決権を行使した場合、出資者全員が合弁契約の当事者であれば、裁判手続において決議の有効性を争うことができる。ただし、決議が無効とされたとしても、当該決議に基づき行われた取引が直ちに無効とみなされるわけではない。出資者は、取引の取消しを裁判に訴える必要があり、取引相手が合弁契約のかかる制約を知っていたか、または、知り得たことを証明しなければならない。

合弁契約に関する紛争解決方法としては、ロシア裁判所での解決のほか、現在、制約があるものの仲裁も選択できる。ロシアでは、会社持分の帰属に関する争いを含む「企業紛争」はロシア裁判所のみが審理でき、仲裁により解決することは認められないのではないかと、その仲裁性が議論されてきた。2016年9月に新しい仲裁法が成立し、2017年2月以降、特定の企業紛争について、ロシア常設仲裁機関による仲裁が認められるようになった（仲裁については、第8章◇4(3)「仲裁により解決できる紛争」を参照）。

⑤ 競争保護法・独占禁止法上の承認

2016年1月5日施行改正により、一定規模の競合事業体同士による共同事業（joint activities）に関する契約には、連邦独占禁止局の承認が要請されるようになった。承認が要請されるのは、関連会社も含めた当事者グループの最新の貸借対照表上の資産簿価合計が70

◇5　合弁会社（ジョイント・ベンチャー）　　*89*

億ルーブルを超えるか、前年度の売上合計が100億ルーブルを超える場合である（競争保護法27条1項8号）。

当該承認の対象となる「共同事業に関する契約」に、合弁会社についての合弁契約も含まれるのか改正議論で問題となったが、競争保護法の条文上は明言されないまま改正法が採択されている。この点、連邦独占禁止局は法人設立を伴わない共同事業であるとしているが（2015年12月24日付連邦独占禁止局意見書第ИА/74666/15号8項）、一方で、保守的に合弁契約も対象となるとして承認申請が必要であるとする見解もある。

合弁当事者や合弁事業の内容によっては、ロシア以外の国の競争保護法（独占禁止法）も考慮しないといけない。

⑸　合弁契約に付随する契約・アレンジ

合弁会社の運営に際しては、合弁契約のほかにも、様々な契約やアレンジを検討する。合弁会社の資金調達では、親会社からの出資や貸入れ、銀行などの外部からの借入れがあり、ローン契約などを締結する（第5章◇2⑵「親会社からの資金調達」を参照）。日本企業が合弁会社に技術援助をする場合、特許・ノウハウ・商標などのライセンスに関するライセンス契約やフランチャイズ契約、サービス契約などが検討される（第2章◇3「技術援助契約」を参照）。ロシア側が不動産や設備を提供する場合、現物出資、賃貸、購入などに合わせて賃貸借契約や売買契約が準備される。ロシア側または日本側から資材・部材を供給する場合、長期供給契約なども締結される。

ロシア側・日本側の知見を活かす方法としては、代表者への任命、従業員としての雇用、外部アドバイザーとしての起用などが考えられる。日本側から合弁会社に日本人を派遣する場合も多く、業務内容により派遣ストラクチャーを分析しなければならない（第7章「ロシアに日本人を派遣する」を参照）。

90　　第4章　ロシアに進出する

(6) 出口戦略・持分の将来譲渡

合弁契約で合意すべき重要な事項の一つに、出口戦略がある。合弁事業は、長期的な協同関係においてビジネスを行うモデルではあるが、遠くない将来に合弁関係を解消すること、または、解消できる仕組みを考えておかなければならない。ロシアの合弁会社は長く続かない、5年ほどで終わると云われることがある。理由は、ロシア市場の変化が激しく、5年ほど経過すると市場が合弁事業開始時に想定していた市場と全く異なっており、改めて事業戦略を立て直す際に、ロシア企業と外国企業の見解が一致しないことが多いからだと説明される。市場変化や見解の不一致を法的に回避することは難しく、法的な対策としては、争いなく、お互いコストをかけずに合弁関係を解消する方法をあらかじめ合意しておくことに尽きる。

① 合弁関係の解消事由

どのような状況が発生したら合弁関係を解消するのかを検討する。事業の財務状況、ロシア・パートナーの重大な義務違反、特定事項についての意見の不一致（デッド・ロック）の発生などが考えられる。デッド・ロックについては、どのような事項についての意見の不一致か、どのレベルでの不一致か（出資者総会か監督役員会か）も検討する。

一方で、合弁関係を解消しない期間（ロック・アップ期間）も考えることになる。利益が安定するまでに時間がかかる製造会社では長めのロック・アップ期間が設定されることがある。

② 合弁関係の解消方法

合弁関係解消後、ロシア・パートナーがなくとも日本企業が単独で事業を継続する場合、持分を買い取る権利（コール・オプション）を約束しておくとともに、将来、単独運営が可能になるようロシ

◇5 合弁会社（ジョイント・ベンチャー） *91*

ア・ビジネスのノウハウの蓄積が必要になる。合弁会社で、工場などの資産をロシア・パートナーやその関連会社から賃貸している場合、合弁関係解消後に買い取ることも検討する。

単独での事業遂行を予定しない場合、合弁関係解消に伴い合弁会社を清算するか、ロシア・パートナーが単独で事業を継続することを認めるかを検討する。合弁会社を清算するにあたり、合弁会社が債務超過である場合の債務処理の方法や、清算費用が問題となることがあるので、事前に合意しておくべきである。ロシア・パートナーが事業を継続する場合、日本企業が提供していた技術援助や部品供給といった付属の契約・アレンジの対応も合意する必要がある。

③ オプションの合意

合弁会社が有限責任会社の場合、合弁会社の持分を買い取る権利や売り渡す権利を合意するにつき、合弁契約書とは別に、ロシア法を準拠法としたオプション契約書が締結されることがある。

有限責任会社の持分譲渡に際し、原因契約にロシア公証人の認証が必要なことに関係する（本章◇4(3)③「譲渡契約の公証・法人登記の変更」を参照）。合弁契約書においてオプションを合意する場合、合弁契約書をロシア公証人に認証してもらうことになる。合弁契約がロシア以外の国の法律を準拠法としている場合、公証人が認証を拒む恐れがあり、合弁契約がロシア法を準拠法としている場合、公証人がオプション条項以外についてもレビューをするため、オプション条項とは関係ない合意内容や条項文言についても変更を要請してくる恐れがある。かかる事態を避けるために、合弁契約のほかに、オプションに特化した契約をロシア法で締結することになる。

オプション契約の締結に際し、連邦独占禁止局の承認の要否も検討しなくてはならない（本章◇4(3)②「連邦独占禁止局の承認」を参

92　　第4章　ロシアに進出する

照）。ただし、連邦独占禁止局の承認の効力が１年である一方、実際の持分譲渡は１年以上後となる可能性も高く、この際に改めて承認を取得するべきか条文上も実務上も明確になっていない。

コラム：合弁会社に関するにロシア法の改正

　合弁会社につき、ロシア法は改正を重ね法制は整備されつつある。ただし、裁判実務が発展していないため、依然、不明瞭・不安定な点がある。

　ロシアでは、そもそも、ロシア会社に関する出資者間の合弁契約は有効なのかという議論から始まった。合弁契約を禁止する法律条項はなかったものの、認める法律条項もなかったことから、合弁契約を否定する見解もあった。2009年、出資者間の契約が会社法に定められ（株式会社法32.1条、有限責任会社法８条３項）、その有効性こそ確認されたが、解釈上、制限が多く、出資者が自身の関係を自由に合意できるものではないとされていた。たとえば、明文はないものの、ロシア会社の合弁契約の準拠法はロシア法に限られると解釈されていた。また、明文はないものの、「企業紛争」に仲裁性はなく、紛争解決はロシア裁判所に限り権限があるとの意見が強かった。さらに、ロシア民法が、当事者の意思にかかる条件を認めていなかったため、持分譲渡に関するオプションの有効性が疑問視されていた。

　2013年11月、合弁当事者に外国会社がなる場合など、合弁契約の準拠法にロシア以外の国の法律を選択できるようになった（民法1214条）。

　2014年９月、ロシア会社に関する出資者間の契約が改めて整備され、「コーポレート契約」という概念が導入された（民法67.2条）。当該改正により、合弁契約の当事者の範囲や合弁契約違反の効果

◇5　合弁会社（ジョイント・ベンチャー）　　*93*

が拡大した。改正前、合弁契約違反に基づいて請求できる事項は
損害賠償のみであったが、改正後は、一定の条件の下、契約に違
反した決議の取消しが認められるようになった。

　2015年6月、ロシア法においてオプションの有効性が確認さ
れ、また、有効性・執行性が不明瞭であった表明・保証や補償も
ロシア法に取り込まれた（民法429.2条、429.3条、431.2条、406.1条）。

　2016年1月、競争保護法が改正され、競合同士の合弁契約につ
いても連邦独占禁止局の承認が必要になる可能性を含む条項が設
けられた（競争保護法27条1項8号）。

　2017年2月、特定の企業紛争をロシア裁判所だけはなく、ロシ
アの特定の仲裁機関において争うことが認められるようになった
（企業紛争と仲裁については、第8章◇4(3)「仲裁により解決できる紛
争」を参照）。

94　　第4章　ロシアに進出する

第5章　ロシア会社を運営する

　ロシアの会社制度は、ソ連末期より整備が始まり、1990年代後半に各種会社法が採択され、2014年の大きな改正を経て現行制度に至る。ロシアで最も利用されている会社形態は有限責任会社である。有限責任会社については、社会・経済に合わせてより利用しやすい事業体になるように、常に制度が改正されている。本章において引用条文に法令名がない場合、有限責任会社法からの引用である。

◇1　有限責任会社

　ロシアの営利目的の法人には、株式会社、有限責任会社、商事会社、合資会社、合名会社、生産協同組合、政府単一企業体、地方自治体単一企業体などがある。2017年1月1日における営利法人登記数は389万5,974社であり、うち有限責任会社374万2,114社（96.05％）、株式会社10万2,293社（2.63％）、単一企業体2万1,034社（0.52％）、生産協同組合1万4,870社、合資会社439社、合名会社217社と発表されている。

(1)　株式会社との相違
　有限責任会社と株式会社は、出資者が原則として出資額以上の責

任を負わない点、出資者と経営機関が制度上分けられている点（所有と経営の分離）が共通する。

　株式会社は出資者（株主）に株式を発行し、株主は株式を何株保有するとされるのに対し、有限責任会社では、株式のような有価証券は発行されず、出資者は何％や何割という割合で表される持分を「一つ」有する。会社機関については、株式会社に対する規制は厳格であるが、有限責任会社は、柔軟に機関を設計し会社を運営することが認められている。また、有限責任会社の持分については有価証券が発行されないので、有限責任会社は、社債等を発行する場合を除き、有価証券関連規制を受けない。このような組織・運営の自由度が、有限責任会社が広く利用されている理由である。

(2)　商事会社との相違

　有限責任会社よりも、さらに、組織・運営に自由を認めた会社形態「商事会社」もある（商事会社法）。ロシア語名は「Хозяйственное Партнерство」であることから英語で「Commercial Partnership」と訳されることもあるが、法人形態である。出資者が出資額の範囲で責任を負う点で、有限責任会社に類似する。しかし、有限責任会社よりも強行法規が少なく、経営事項や出資者間の関係を運用契約により柔軟に決定できる会社形態である。

　有限責任会社は1名の出資者により設立することが認められているが、商事会社の出資者は2名以上でなければならない。これらの出資者は、会社設立に際し、定款のほかに運用契約を締結する。有限責任会社のように資本金の払込み期限は法定されておらず、出資期限を含む出資の詳細は運用契約で定められる。会社機関に関しては、出資者の中から選ばれる単独執行機関（代表者）が必須の経営機関であるが、その他の経営機関の設置、権限や決議方法等は、運用契約により出資者が決定する。商事会社は、子会社を有すること

は認められない。運用契約の当事者には、出資者以外にも会社自体
や第三者がなることができる。定款とは異なり、運用契約書は登記
されず、契約内容も法人登記簿に反映されないため、債権者等第三
者には経営実態が不透明である点が問題として指摘されている。

　2012年7月に導入されたが、2017年3月末時点の登記数は46社で
あり、利用が少ない。

◇2　投資額と資金調達方法

　会社設立にあたり、事業計画に基づき必要な運転資金が算出さ
れ、その調達方法が検討される。出資や借入れのほか、ロシア子会
社が親会社に対し市場調査などのサービスを提供し、その対価を得
るという方法で、子会社が親会社から資金を調達することもある。

(1)　定款資本金

　有限責任会社の最低定款資本金額は、1万ルーブルである（14条
1項）。ロシアでは、定款資本金額が低額である会社が少なくない。
定款資本金額が会社の規模の基準として重視されていないように思
われる。たとえば、中小企業の基準は、政府資本や外国資本の割合、
従業員数や売上高であり、定款資本金額が含まれていない（中小企
業法4条1.1項）。

　定款資本金額の決定に際し、事業開始後、純資産額を定款資本金
額以上に維持しなければならないという規制を考慮し、定款資本金
額を低額にしておく場合がある（民法94条4項）。ロシア法上、事業
年度末において（設立事業年度を除く）、純資産額が定款資本金額を
下回る場合、純資産額を定款資本金額まで増額するか、または、定
款資本金額を純資産額まで減資しなければならないとされ、純資産

◇2　投資額と資金調達方法　　*97*

額が1万ルーブルを下回る場合、会社は清算されなければならない
とされている。繰り返し当該法令に違反する場合、国家機関が裁判
所に強制清算を求めることができるが（民法61条3項3号、有限責任
会社法57条1項）、実際に稼働している会社が強制的に清算させられ
る例は多くはない。

(2) 親会社からの資金調達

出資・増資：増資は、出資者総会が決議し、登記上の定款資本金額
の変更、定款上の定款資本金額の変更、変更定款の登記を行う。
調達した金額分、定款資本金額は増額する。

プレミアム増資：プレミアム増資は、上記の増資手続によるもの
の、調達資金の一部を定款資本金ではなく「追加資本金（Addi-
tional Capital)」（準備金）勘定に振り分けるものである。振分割合
につき規制はない。定款資本金額は、調達した金額よりも少ない
額で増額する。

資産の拠出：会社法上、「資産の拠出」という親会社からの資金調達
方法がある（27条）。出資が Contribution into the Charter Capital
とされるのに対し、資産の拠出は Contribution into the Proper-
ty/Assets と称される。提供された資金全額が、受け取るロシア
会社で追加資本金に勘定される（2013年10月28日付財務省意見書第
03-03-06/1/45463号など）。定款資本金額は変わらず、純資産額のみ
が増加するので、純資産額を定款資本金額以上に維持する手段と
しても利用される。

　ロシアでは、3,000ルーブルを超える額の無償行為（贈与）は営
利法人間では認められていないが（民法575条1項4号）、資産の拠
出は、親子関係に注目して贈与には該当せず、その性質は投資で
あるとの考えが示されている（2012年12月4日付最高商事裁判所監
督審判決第8989/12号事件）。親会社がロシア以外の国の会社である

場合、当該国においても子会社投資と認められるのか、寄付と扱われるのかは、個別に確認する必要がある。

　資産の拠出は増資手続ではなく、会社法上の特別な手続による。資産の拠出は出資者総会が決議するが、定款に資産の拠出の実施が記載されていなければならない。原則、出資者が持分割合に応じた金額を提供するが、定款に持分割合とは異なる割合での拠出が可能である旨が定められていれば、割合は出資者総会で決めることができる。定款に相応の記載がない場合、定款を変更してから資産の拠出を実施することになるので、会社設立時に定款に相応の記載を含めておくことが推奨される。資産の拠出では、定款資本金額が変更されないため、登記や定款の変更は不要である。迅速に資金を調達できる方法として広く活用されており、定款資本金額に比較し追加資本金額（準備金額）が大きい会社があるのは、このためである。以前は有限責任会社のみに認められていたが、株式会社についての要望も強く、2016年7月以降、株式会社も類似の方法により親会社から資金を調達できるようになっている。

資金援助：ロシアの親子会社間では、増資手続も会社法上の手続もとらず、親会社が返済義務なく子会社に資金を提供する手法がある。Free Finance や Financial Aid といわれる。

　かかる資金提供は、民法上無効とされる無償行為（贈与）に該当し、ロシアでも投資とは扱われていない。しかし、税法上、特定条件を満たせば課税されず（税法251条1項）、資金援助契約の締結のみで実施できることから、親子会社がどちらもロシア会社である場合に簡便な資金調達方法として利用されている。親会社が外国会社である場合、寄付金と扱われると考えられるため、外国親会社による資金援助は、別の手法が検討される。

借入れ：親会社からの借入れについては、移転価格税制や過少資本

◇2　投資額と資金調達方法　　*99*

税制が適用される可能性があること、ロシア税務上、利子の損金処理に制限があることにも配慮して借入額や利子率が検討される。

◇3　会社の機関

有限責任会社において、必ず設けなければならない会社機関は、社員総会（出資者総会）と単独執行機関である。

表：有限責任会社法における会社機関

会社機関		設置		権限
最高機関	社員総会	必須	定時総会のほか、臨時総会が開催される。	法律および定款が定める事項
日常業務執行機関	単独執行機関	必須	法律上の代表権者である。任命期間に制限はなく、定款が定める。	法律・定款が他の機関の権限と定める事項以外の全ての事項
	合議執行機関		単独執行機関に加えて、合議体の機関を設置できる。設置、構成や権限は定款が定める。法律には詳細な規定はない。	定款が定める事項
執行業務監督機関	監督役員会		設置、人数や権限は定款が定める。法律には詳細な規定はない。	定款が定める事項（法律で社員総会から移譲が認められている事項を含む）

100　第5章　ロシア会社を運営する

財務監督機関	監査委員会・監査委員		出資者が15名を超える会社では、設置しなければならない。構成や権限は定款が定める。法律には詳細な規定はない。	定款が定める事項

出所：著者作成

(1) 社員総会

　社員総会は、最高意思決定機関であり、必ず設置しなくてはならない会社機関である。「出資者総会」または「総会」とする。

① 総会の権限

　総会の権限については、(a)必ず総会で決定しなければならない事項（総会の専権事項）、(b)原則、総会の決議事項だが、監督役員会を設置した場合、定款により監督役員会の決議事項とすることができる事項が定められており、その上で、(c)法律上、総会決議事項ではない事項も、定款により総会決議事項とすることが認められている（33条）。法律・定款に定められていない事項に決議権限はない。

　(a)　専権事項には、定款の変更、増資・減資の決定、年次財務諸表の承認、利益配当の決定、再編（新設合併、吸収合併、会社分割、会社分離、会社形態変更）・清算の決定、現物出資財産価値の承認、監督役員会構成員の任命・解任、同員の報酬の決定、監査委員会（監査委員）の任命・解任などが含まれる（15条2項、32条2項、33条2項）。これらの事項を他の会社機関の決定事項とすることは認められない。

　(b)　執行機関の任命・解任、同機関の報酬の決定、執行機能の外部委託、社内規則の承認、支店・駐在員事務所の開設や大規模取引

◇3　会社の機関　　*101*

の承認なども総会の権限ではあるが、監督役員会の権限とすること
もできる（32条2.1項、40条1項）。

(c) その他、たとえば、借入れにつき、借入額の多寡にかかわら
ず総会の決議事項とすることもできる。この場合、代表者（執行機
関）は、借入れの際には総会の承認を得なければならない。対外取
引について総会の(c)の決定事項を多く設けると、代表者の対外権限
をより制限することになる。代表者を一定程度監督できる一方、総
会で決議しなくてはいけないことで取引の迅速性を害すことにもな
りかねない点に留意すべきである（本章◇4「代表者の対外取引権限
の制限」を参照）。

② 総会の決議

出資者は、原則、持分割合に応じた議決権を有するが、定款によ
り持分割合とは異なった割合で議決権を保有することもできる。た
だし、議決権がない持分や特定の事項にのみ議決権を有する持分は
想定されていない。また、定款に一出資者の持分割合の上限を定め
ることも可能であり、当該上限を超えて持分を取得した出資者は、
設定上限内で議決権を有する。

出資者総会での決議は、出欠にかかわらず全出資者の議決権総数
が基準となり、定足数は定められていない。決議要件は、原則、全
出資者の議決権総数の過半数の賛成であるが、法律上、全会一致決
議や特別決議が要請されている場合がある。法律上、全会一致決議
が必要な事項としては、現物出資財産価格の承認、再編・清算の決
定、法定とは異なる利益相反取引承認手続の導入・廃止などが定め
られている。定款により、他の事項も全会一致決議事項とすること
ができる。

102 第5章 ロシア会社を運営する

③ 総会の開催

定時総会の開催時期は定款が定めるが、少なくとも年一回は開催されなければならない。年次財務諸表を承認するための定時総会は、事業年度末から2ヶ月経過後から4ヶ月経過前に開催しなくてはならない（34条）。ロシアの事業年度は1月に始まり、定款等により決算期を別の時期に動かすことは認められないため、上記総会は2月から4月末の間に開催しなくてはならない。必要に応じて、臨時総会も開催される。総会には代理出席も認められる。電話やテレビ電話を通した開催や書面決議も可能である。

(2) 単独執行機関（代表者）

単独執行機関は、法律上、会社を代表する権限を有する機関であり（40条）、一般名称を「代表者」とする。ロシア語法文では、一般名称として「Директор」、「Генеральный Директор」や「Президент」などとされ、英語では「Director」、「General Director」や「President」、日本語では「代表取締役」や「社長」と訳されている。

単独執行機関に加えて合議執行機関を置くこともできる。合議執行機関を設置する場合、その人数、任期や権限は法定されておらず、定款で定めなければならない（41条）。議長には、単独執行機関を務める者が就く。合議執行機関は、概して大会社で設置されている。執行機能を、契約に基づき、第三者（個人または法人）に委託することも可能であり、ロシア企業グループでは、全てのグループ会社の執行機能を、グループ内の一会社に委託する例がある。

代表者は、法律および定款が出資者総会や監督役員会の権限と定めている事項以外の事項につき決定権限が与えられている。したがって、法律や定款が特に他の機関の権限であると定めていない事項は、代表者が、その裁量で決定できる。

2014年9月以降、複数名を代表者に任命し、それぞれ単独で「単

独執行機関」として機能することも、共同で「単独執行機関」として機能することもできる（民法53条1項、65.3条3項）。特定事項につき共同で代表することも想定されている（2015年6月23日付最高裁判所総会決議第25号22項第5パラグラフ）。共同代表者を任命する場合、定款にその旨を定め登記することが要請されている。しかし、2017年3月現在、登記申請書にかかる事項を記載する項目が含まれておらず、登記機関は法人登記に反映させる手続を発表していないため、実務上、法人登記に反映させることは難しい。登記がされていない場合、共同代表の一代表者が単独で行った取引を取り消すことは容易ではないので、共同代表の任命には注意を要する（本章◇4⑷「共同代表者が単独で行った取引」を参照）。

　代表者は会社と労働関係にあり、労働法も適用される。通常の従業員とは異なるが、一定程度、労働者としての保護が与えられている。たとえば、会社法上、解任事由に制限はないが、労働法上、解任事由によっては退職金の支払いが要請される（第6章◇8「会社代表者との労働契約の終了」を参照）。代表者に国籍要件はなく外国人でも就任できるが、移民法上、労働許可が必要となる。代表者は、就任時より就労しているとみなされるため、会社設立時の初代代表者に外国人を任命する場合、問題となる。代表者には法律上は居住地要件もなく、ロシア外に居住する者が代表者となることもできる。ただし、外国人代表者はロシア外に居住しロシアでは就労していない場合であっても、法律上は労働許可が要請される（外国人代表者の労働許可については、第7章◇2⑴「代表者などへの就任」を参照）。

⑶　監督役員会

　出資者総会および代表者のほかに、会社によっては任意で監督役員会が設置されることがある（32条2項）。監督役員会は、会社業務執行を監督する機関である。法律上は、「Совет Директоров（Board of Directors)」と「Наблюдательный Совет（Supervisory Board）」と二つの名称が併記されているが、同一機関を示し、場面や機能により使い分けられているわけではない。2014年施行の民法改正では、民法上からは「Совет Директоров（Board of Directors）」の用語は削除されている。当該機関の構成員は、法律上、「Директор（Director）」ではなく、「Член Совета（Member of the Board）」と称される。

　日本語文献では、「取締役会」と「取締役」と訳されていることが多い。しかし、監督役員会（「取締役会」）の構成員（「取締役」）の中から、代表者（「代表取締役」）が選任されるわけではない。代表者が、監督役員会の構成員である必要はない。2014年の民法改正議論では、代表者が監督役員会構成員を兼務することを禁止すべきか検討されたが、改正後も兼務が認められている。ただし、同一人物が代表者と監督役員会構成員を兼務する場合、同人が、監督役員会の議長を務めることはできない。兼務の場合であっても、代表者としての地位と監督役員会構成員としての地位は関連せず独立した地位である。任期満了等によりどちらかの地位を失ったからといって、同時に他方の地位も失うということはない。

　監督役員会の組成手続、活動内容、権限、人数、任期は法定されておらず、定款で定めなければならない。監督役員会の権限としては、法律上、出資者総会から決定権限を移すことが認められている事項（(1)①「総会の権限」を参照）、および、その他の追加事項を検討することになる。対外取引について、監督役員会の承認権限を広く定めると、出資者総会の場合と同様、取引の迅速性を害しかねないので、代表者の監督と会社の事業規模・事業内容を勘案し判断しなければならない（本章◇4「代表者の対外取引権限の制限」を参照）。

⑷　監査委員会・監査委員

　社員が15名を超える有限責任会社では、監査委員会（監査委員）を
組成・任命しなければならないが、その他の会社では、かかる機関
の設置は任意である（32条6項、47条）。

　監査委員会（監査委員）は会社の財務を調査する権限を有し、年次
財務諸表について意見書を出資者総会に提出することが義務付けら
れている。人数、任期、活動等は法定されておらず、定款で決める。

◇4　代表者の対外取引権限の制限

　法律が一定の取引につき、出資者総会や監督役員会の承認を要請
することで、代表者の権限を制限している場合がある。加えて、出
資者の意向で、定款、社内規則または代表者との労働契約により、
機関承認を要する事項を定め、代表者の権限を制限することも可能
である。どのレベルの承認であっても、承認対象が広がれば取引の
迅速性を害しかねないので、承認範囲については慎重に検討すべき
である。

　制限を無視して代表者が取引に入った場合、取引の安全を重視し
原則として取引は有効であり、一定の場合に取消しが認められる。
裁判指針は、取引の安全（取引の有効性）を図る傾向にある。その
ため、定款などに制限を定めるだけではなく、代表者を実質的に監督
し、事後的にでも代表者を罰することができるようにして抑止力を
働かせておく必要がある。

⑴　法律が制限を定める取引：大規模取引

　大規模取引に該当する取引を行うには、会社機関（出資者総会また
は監督役員会）の承認が要請される（46条）。大規模取引に関する制

106　　第5章　ロシア会社を運営する

度は、2014年5月16日付最高商事裁判所総会決議第28号の裁判指針を取り入れて2017年1月施行改正により大きく変更された。改正趣意書では、本改正は会社機関の承認を要する「大規模取引」の基準を明確にすることが目的の一つとして挙げられている。しかし、実務上、第三者だけではなく、代表者にも出資者にも、依然、その判断は難しいと思われる。少なくとも代表者にとっては承認の有無が明確になるよう、法律上の大規模取引に該当するか否かとは関係なく、特定取引につき定款で承認を要請することも考えられる。

① 大規模取引の範囲

(a)かつ(b)を満たす取引(一連の関連取引)が、大規模取引とされる。

(a) 通常の事業活動の範囲外の取引である。

通常事業活動の範囲を出ない取引とは、当該会社の活動においてとられる取引、または、同種事業を行う会社の事業においてとられる取引のうち、事業の終了・事業種類の変更・事業規模の大幅な変更に繋がらない取引と定義されている。実際に過去に行われたかは問われない。

裁判指針では、当該会社の活動においてとられる取引の例として、製造に必要な原材料の仕入れ、完成品の販売、通常の運転資金のための借入れ(卸業者による卸の買入資金の借入れなど)が挙げられている(2014年5月16日付最高商事裁判所総会決議第28号6項)。

(b-1) 直接的または間接的に財産を取得・譲渡する取引、または、取得・譲渡することになりうる取引で、取引対象財産の簿価または取引額が、直近決算の貸借対照表の総資産簿価の25%相当額以上である取引である。

法律では、借入れ、貸付け、担保、保証なども対象であることが

例示されている。財産を譲り渡す場合は簿価と取引額を比較し、どちらかが基準額を超えていたら承認対象になり、財産を取得する場合は取得価格を基準に判断する。

(b-2)　財産を占有・使用させる取引、または、知的財産の利用権限を与える取引で、取引対象財産の簿価が直近決算の貸借対照表の総資産簿価の25％相当額以上である取引である。

2017年1月施行改正後は、定款により大規模取引の基準となる(b-1)または(b-2)の「25％」を変更することは認められない。

複数の取引が一連の関連取引として大規模取引の対象となるかについて、裁判指針は、取引の目的が同一ではないか、売却資産の用途が共通していないか、取引対象の資産が全て同一人物に譲渡されていないか、一連の取引が短い期間に行われていないかなどを勘案するとしている（2014年5月16日付最高商事裁判所総会決議第28号8項4号）。

②　会社機関の承認

承認権限を有する機関は出資者総会であるが、監督役員会が設置されている会社では、定款により、総資産簿価の25％相当額以上50％相当額未満の取引の承認権限を監督役員会に与えることができる。2017年1月施行改正前は、一切の承認を不要として、代表者に一任することも認められていたが、改正後は認められない。

承認に際しては、契約金額の上限・下限を承認する、選択的な条件を承認する、複数契約につき同時締結であれば承認する（たとえば、担保設定が伴う貸付け）など、柔軟な承認方法が認められるようになった。承認の有効期限を定めることも認められ、期限がない場合、原則として承認から1年間のみ有効である。追認も承認と同様の効果が認められる。

機関承認が不要とされる例外も列挙されている。単独出資者が代表者を務める会社、法律上要請され価格も法令により確定する取引や、価格や料金が国家統制されている取引、再編の過程において財産権が移譲される場合などである。また、予約契約の締結が承認され、予約契約と同様の条件で本契約が締結される場合、改めて本契約の締結に承認を取得する必要はない。

③ 承認なく行われた取引

要請される承認なく代表者が行った取引は、原則、有効である。ただし、会社、監督役員会構成員または1％以上の議決権を有する出資者（以下、「会社側」とする）は、裁判所に無効認定（取消し）の訴えを提起することができる。

会社側は、当該取引が大規模取引に該当すること、承認がないこと、および、取引相手が、取引時に承認がないことを知っていたか、または、知り得たことを証明しなければならない（民法173.1条）。一方で、たとえ上記が証明されたとしても、取引相手が、追認（追認ととらえられる行為）を証明すれば、取消しは認められない。

承認手続に違反して大規模取引が行われたことを取引相手が知り得たか否かについて、裁判指針は、取引相手には、合理的に行動して、取引状況から要請される注意力によって、大規模取引に該当する兆候があり、必要な承認なく取引が行われていることを確定できたか、という点を指摘している。たとえば、不動産や高価な設備などの主要資産の売却など、合理的な事業者であれば、大規模取引であり承認が必要であると、明らかに判断できる取引は、取引相手は知り得たと認定しうるとしている（2014年5月16日付最高商事裁判所総会決議第28号4項第2パラグラフ）。

改正前、会社側は、会社または取消しを請求する出資者に損害が発生したか、もしくは、発生の恐れがあったか、または、その他不

利益が発生したことも証明する必要があったが、この要件は除かれた。また、出資者が取消しを請求する場合、当該出資者の投票が出資者総会の決議結果に影響を与えないような場合、取消しは認められないとされていたが、影響の有無の判断が不明確であり、この要件も除外され、代わりに議決権を1％以上保有することが請求要件に加えられた。

(2) 法律が制限を定める取引：利益相反取引

2017年1月施行改正により、利害関係人との取引（利益相反取引）に対しては、事前の機関承認は義務ではなくなり、十分な情報開示に置き換えられた（45条）。ただし、定款により別の手続を選択することができる。

利益相反取引とは、代表者、監督役員会構成員、その親族や、支配者（50％超の議決権を保有する出資者など）との取引、上記の者が支配者である会社との取引、上記の者が会社機関を務める会社との取引などである。利害関係人は、利益相反取引を実施するにあたり、会社の出資者総会または監督役員会に当該取引を知らせなければならない。会社は、利益相反取引の実施の15日前までに、利害関係のない出資者・監督役員会構成員に知らせる義務を負う。事前に機関承認を取得することもできるが、承認がないこと自体は取引の取消事由とはならない。

利益相反取引が会社の利益を害する場合、会社、監督役員会構成員または1％以上の議決権を有する出資者は、裁判手続において取引の取消しを求めることができる。その場合、当該取引が利益相反取引に該当することや、承認がないことについての取引相手の悪意重過失を証明しなければならない。

利益相反取引の規制が適用されない取引として、通常事業活動においてとられる取引で、利益相反のない取引と類似条件において長

110　第5章　ロシア会社を運営する

い間繰り返し行われてきた取引や、全出資者が利害関係人に該当する取引、単独出資者が代表者を務める会社の取引、法律上要請され価格も法令により確定する取引などが挙げられている。

(3) 定款、社内規則または労働契約が制限を定める取引

① 定款による制限

定款により機関承認を要請する取引を定めることができる（40条3.1項）。たとえば、借入れにつき監督役員会の承認事項とすることが考えられる。裁判指針の例によれば、通常の運転資金のための借入れは、通常事業活動における取引として法律上の「大規模取引」には該当せず機関承認は要請されないが、定款で借入れを監督役員会の承認事項とした場合、借入目的に関わらず、また、借入額の多寡にかかわらず承認が必要となる。

代表者が定款を無視して承認を得ずに借入れをした場合、原則、当該借入れは有効である。ただし、会社側が、取引相手が制限を知っていたか（悪意）、または、明らかに知り得た（重過失）と証明した場合、裁判において取り消すことができる（民法174条1項、2015年6月23日付最高裁判所総会決議第25号22項第5パラグラフ）。裁判指針は、原則として、第三者（会社機関でも出資者でもない者）に、代表者の権限の制限を明らかにするために定款を確認する義務は、法律上はないとしており（2015年6月23日付最高裁判所総会決議第25号22項第3パラグラフ）、定款は一般公開文書であるが、定款を確認しなかったという事実のみで直ちに重過失が認定されるものではないと考えられる。

② 社内規則による制限

社内規則が特定取引につき機関承認を要請している場合も、定款

による制限と同様の理論が適用される（民法174条1項）。社内規則
は、通常、社外に出されるべき文書ではないため、第三者は疑わし
いと思っても確認する術がなく、第三者の悪意・重過失が認定され
る状況は非常に限られると考えられる。

③　労働契約による制限

　労働契約に個別に制限が定められた場合の越権行為の効果につい
て明記する法律も裁判指針もない。しかし、代表者と会社との労働
契約に権限の制限があっても取消事由にはならないとする裁判事例
がある（2007年5月15日付最高商事裁判所監督審判決第15780/06号第
A45-6947/06-33/290号事件）。

(4)　共同代表者が単独で行った取引

　共同代表者が単独で行った取引に対する考え方は、定款が機関承
認を要請している取引に対する考え方と同様である。
　上述のとおり、裁判指針によれば、第三者は代表者の権限の制限
を確かめるために定款を確認する義務はなく、定款に共同代表が定
められていたとしても、法人登記に反映されていなければ、第三者
は、各代表者は単独で代表権を行使することができると考えてよい
（2015年6月23日付最高裁判所総会決議第25号24項）。ただし、会社側
が、当該第三者の悪意・重過失を証明すれば、裁判により当該者を
相手とした取引を取り消すことができる（民法174条1項、2015年6月
23日付最高裁判所総会決議第25号22項第5パラグラフ）。

◇5　出資者の責任

　有限責任会社の出資者の責任は、出資の範囲で責任を負う有限責

任である。出資金を払い込むとそれ以上の支出はなく、会社の債務につき責任を負わない。それゆえに、出資金を全額払っていない間は、未払額の範囲で会社債務につき責任を負う（2条1項）。また、現物出資した財産の価値が出資額より低かった場合、その差額につき登記から5年間、会社債務につき責任を負う（民法66.2条3項）。

① 倒産時における責任

会社が倒産し、倒産の責任が出資者にあると認められる場合、出資者は、倒産手続において弁済されなかった債務を支払わなければならない（倒産手続における出資者の責任については、第3章◇6⑸「倒産企業の親会社の責任」を参照）。

② 通常業務における責任

倒産手続が開始されていない場合であっても、出資者が会社の債務につき責任を負う場合がある（民法67.3条2項）。会社が、親会社からの指示により、または、同意を得て行った取引についてである。一定の持分を保有していることにより、または、契約により会社の意思決定を決めることができる可能性を有することが条件となる。

「親会社からの指示」については証明が難しい点が問題とされている。同意を与えた取引についての親会社の責任は、2014年9月施行改正により追加された。改正施行後、責任を負う場合が不明瞭であり責任範囲が広範になりうるとの意見が出され、取引契約に親会社の免責を記載することで本条の責任を免れるとの再改正案も出されたが、2015年7月、定款が出資者総会での承認を要請している取引や親会社定款が機関承認を要請している取引を責任対象から除外するにとどまった。

◇5 出資者の責任　　*113*

第6章　ロシア従業員を解雇する

　適切な人員体制を維持することは、ビジネスの成否を左右する。事業縮小に伴い人員を整理しなければならない場合や、費用削減のため、勤務効率が不良な従業員や業務評価が低い従業員を解雇しなければならない場合がある。この点、ロシアでは、法律で解雇が厳しく制限されており、解雇は難しいと、人員体制の最適化に躊躇している会社もある。確かに、法定の解雇手続が厳格であるとの認識は間違いではない。一方で、法定解雇手続によらず、最終的には、話し合いにより従業員に会社を去ってもらう事例は多い。結局のところ交渉次第であるが、交渉を円滑に進めるには、解雇制度の理解、そして、その理解に基づく日頃の人事管理が鍵となっている。

　労働契約の終了を含めた、使用者（雇用者）と労働者（従業員）の間の労働関係は、主に労働法が定めている。労働関係に対しては民事法令は適用されず、労働契約は民事法令上の契約には属さない。外国企業の駐在員事務所・支店であっても、ロシアにおける事務所であれば、そこで働く従業員との関係にはロシア労働法が適用される（労働法11条5項、13条1項）。本章で引用条文に法令名がない場合、労働法からの引用である。

◇1 雇用形態

　人員調整がしやすい雇用形態はなく、形態ごとに適切に人事管理を行うことで対応するしかない。雇用者の直接・間接の管理外において働く遠隔地就労は、通常就労と人事管理が異なり、本章では割愛する。

(1)　正規雇用・非正規雇用

　1日8時間勤務するか否かでフルタイムとパートタイムに分類されるが、従業員の扱いに相違はない。勤務時間の長短ゆえに職務内容が異なりうるが、同種職務の場合、給与などで差を設けることは認められない。

　労働契約は一般的に期間なく締結される。そもそも有期契約が認められる場合が限られるため、「雇止め」という観点から大きく取り上げられることはない。有期労働契約は、原則として、業務が一時的な場合に限り、5年を最長として認められており、その性質上、有期労働契約の更新が想定されていない。たとえば、育児休暇などで一時的に不在にしている従業員の代替、2ヶ月未満の一時的業務の遂行、季節労働、改修など通常業務外の業務の遂行である（59条1項）。同様の職務につき有期労働契約が繰り返し締結される場合、かかる契約は無期契約とみなされる（2004年3月17日付最高裁判所総会決議第2号14項）。例外的に、会社代表者、代表者次席、主任経理など特定の地位を有する者について、有期契約の締結・更新が認められている。

　従業員が一定の年齢に達したことにより、雇用者が一方的に契約を終了する定年退職制度は、原則、認められない。労働法上、労働

契約の終了事由に挙げられていないためである。裁判官など職種によっては法令が定年を定めているがあくまで例外である。また、一定年齢に達したことを理由に、雇用者が一方的に従業員の職責や給与を変更することも認められない。これらの変更は、雇用者と従業員の合意により労働契約を変更することでしか認められない。

定年退職制度がなく解雇事由が限られている上、平均寿命が短いためか、高年齢者の雇用を特に保護する法制はない。

(2)　人材派遣

ロシアにおいても、実務上、人材派遣は利用されていたが、派遣元企業、派遣先企業と派遣者の法律関係は不明確であった。派遣者の労働者としての保護を主眼として法律が整備され、2016年1月より、「労務（人材）提供契約」という概念が導入された（国民就労法18.1条、労働法56.1条、53.1章、税法306条7項）。労務（人材）提供契約とは、派遣者が、派遣先企業の利益のため、派遣先企業の管理・監督の下で、派遣元企業との労働関係に定められる職務機能を実施する契約関係とされる。

2016年1月以降、人材派遣は、一般的には禁じられるとした上で、(a)特定の認証を受けたロシア会社が人材を派遣する場合、(b)派遣先企業と派遣元企業が関連会社の関係にある場合、(c)派遣先企業が株式会社であり、派遣元企業が派遣先企業につき株主間協定を締結している場合、(d)派遣先企業と派遣元企業が、別の株式会社について株主間協定を締結している場合に人材派遣が認められている。(a)認証会社による人材派遣については、すでに厳格な要件が定められているが、その他の場合については、別途法律で定められるとされ、2017年3月現在、まだ整備されていない。また、(c)(d)については、株式会社に限定されている点について疑問が呈されている。ロシアの営利法人の95％以上が有限責任会社であり、また、有限責任会社

についても、株主間協定同様の出資者間協定が認められているからである。この点につき改正案が策定されたが、2017年3月現在、改正はされていない。

　派遣者の労働者としての保護のために以下のような規制がある。一定水準以上の危険な業務遂行などの場合に人材派遣の利用は認められない。派遣元企業が派遣者に払う給与は、派遣先企業の類似職務機能・能力に対する給与より低くてはいけないとされている。また、派遣元企業が、派遣者に対し給与や補償を支払えない場合、派遣先企業も補充的に責任を負う。

　人材派遣では、派遣者と派遣先企業との間に労働関係が自動的に発生することは想定されていない。そのため、外国人派遣者は労働許可等を取得できない。労働許可等が、労働関係・労働契約に基づき発行されるためである。労働許可等に関する外国人派遣者の移民法上の地位についても改正が予定されていたが、2017年3月現在、具体的な改正内容は示されておらず、議論も進められていない。

(3)　民事法令上の契約に基づく就労

　労働契約の代わりに、役務契約や請負契約などの民事法令上の契約が締結される場合がある。会社が雇用者としての義務を負わず、契約終了を柔軟に合意できるためである。しかし、実質的に労働関係を内容とするような民事法上の契約を締結することは許されず（労働法15条2項、行政罰法5.27条4項）、かかる場合には労働契約とみなされうる（11条4項、19.1条）。

(4)　兼業

　就労時間外に別の仕事をすること（兼業）は、一般的に認められている。兼業しているという事実をもって解雇することは認められない。ただし、会社の代表者の地位にある者は、兼業につき会社の

承認が必要となる（276条）。

◇2　人事管理に関する書面

　解雇を検討する段になり、人事関連書面の不備が判明し、場合によっては書面不備のために解雇が難しい場合がある。

社内規則：社内規則として、就業規則、給与計算規則および個人情報規則が法律上要請されている（189条）。従業員が1名であっても、外国会社の支店・駐在員事務所であっても雇用者に作成義務があるが、監督官庁への届出は不要である。中小企業のうちのミクロ企業と認定される会社においては、2017年1月以降、社内規則の一部または全部を策定せずに特定書式の労働契約を締結することで代替できるが（309.2条）、中小企業の認定要件の一つに外資が49％以下であることが含まれるため、日系企業では適用が少ないと考えられる。社内規則は相応の会社機関が承認し、従業員が周知した旨の確認書があって、正式に適用されていることになる。遅刻の多い従業員を職務怠慢で処罰しようとしても、労働契約や社内規則に就労開始時刻が定められていない場合や、定められているものの有効に適用されていない場合には、職務怠慢を認定することはできない。社内規則を変更する場合、変更を相応の会社機関で承認し、従業員に周知させて署名を得る必要がある。この際、従業員の同意は要請されない。

労働契約書：従業員とは、書面において労働契約を締結しなければならない。労働契約書では、必ず勤務場所、職責、給与・報酬の条件、社会保証の条件などを定めないといけない（57条）。他の事項についても定めることができるが、変更する場合には、契約内

容の変更につき従業員の同意が必要となる。そのため、法定の事項以外については、労働契約書ではなく社内規則に定めることが多い。

職務明細書：職務不履行を理由に解雇や処分を検討する場合、対象従業員の職務明細書が作成されていなかったり、労働契約書にも職務が明確にされていないことがある。この場合、そもそもの職務が不明であるため、職務不履行を指摘できない。

指令（オーダー）：入社、出張、休暇取得、ポジション変更、懲戒処分、雇用終了などに際し、会社は指令を作成しなければならない。指令には、代表者および対象従業員の双方が署名する。

人員体制表：会社は、組織・部署、ポジション、各ポジションの人数、給与額などを記載した書面である人員体制表を備える。労働契約書記載のポジションは人員体制表と合致していなければならない。整理解雇では、人員体制表が重要となる。

休暇スケジュール表：有給休暇は一般的には28暦日以上与えられ、一回は14暦日連続で取得しなければならない。年度の終わりに、翌年度の年間休暇取得予定を、雇用者と従業員で合意し、合意内容は休暇スケジュール表として雇用者と従業員を拘束する。年度途中で変更する場合、改めて両者で合意する。休暇スケジュール表の整備により繁忙期の大量休暇を避けることができるが、当該表を合意しておらず、従業員の休暇申請の扱いに苦慮する場合がある。

労働手帳：各従業員は、雇用者、ポジションなどの就労履歴が記載される冊子である労働手帳を持つ。労働手帳の保管・管理は雇用者が行う。雇用の終了にあたっては、解雇、自主退社などの終了事由も明記されるため、後の雇用者も前職の終了事由を知ることになる。労働手帳については、電子化が予定されている。

◇2　人事管理に関する書面　　*119*

◇3 労働契約終了の概要

(1) 当事者の意思による終了

　当事者の意思によって労働契約を終了する場合として、雇用者と従業員の合意による終了、従業員の申出による終了（辞職）、および、雇用者の一方的な意思表示による終了（解雇）が認められている。

　従業員の申出による労働契約の終了（辞職）は、原則として、辞職日の2週間前までに書面で申し出ることによる（80条1項）。労働法などの法令が別の事前申出期間を定めることは認められているが、就業規則や労働契約により2週間より長い事前申出期間を設定することはできない。会社代表者の場合には1ヶ月前までの申出が要請されている（280条）。年金受給開始や雇用者の労働関連法令・労働契約違反などを理由として辞職を申し出る場合、従業員は2週間を待たずに辞職することができる。辞職を申し出た従業員は、辞職日まで、いつでも申出を撤回することができる。

　雇用者の一方的な意思表示による終了（解雇）は、労働法が詳細に定めている。

　合意による労働契約の終了は、終了事由としては法定されているが、提案期間などの要件や合意手続は法律には定められていない。

(2) 有期労働契約の終了

　期間の定めのある労働契約については、期間の満了が契約終了事由とされている。ただし、期間満了後も、従業員が事実上就労を継続し、雇用者も従業員も労働契約の終了を要請しない場合、労働契約は終了せず、期間の定めのない契約として締結されているものとみなされる（58条4項）。

120　　第6章　ロシア従業員を解雇する

有期契約の従業員の解雇について特別な規定はなく、無期契約と同様である。また、有期労働契約においても辞職の自由が保障されている。2ヶ月未満の契約または季節労働の場合は3暦日前までに（292条、296条）、2ヶ月以上の契約の場合は、無期労働契約と同様、2週間前までに申し出て辞職できる。

(3)　労働契約終了に際しての手続

　労働契約の終了事由がどのようなものであっても、雇用最終日に一定の手続が必要である。雇用者は、最終日に労働契約終了の指令を作成し、従業員から署名を取得する。また、最終日には、雇用者は、労働手帳に労働契約終了の事実や終了事由（合意、解雇、辞職など）を記載して、労働手帳を従業員に返還する。さらに、給与、賞与、各種手当て、未使用休暇の補償金、退職金がある場合、支払いの全てを最終日に完了しなければならない。

◇4　雇用者による労働契約の終了（解雇）が認められない従業員

(1)　妊娠中の女性

　妊娠中の女性については、会社清算の場合を除き、いかなる事由に基づいても解雇は禁止されている（261条1項）。雇用者が解雇時に妊娠の事実を知っていたか否かを問わず、後に発覚した場合には復職させないといけない（2014年1月28日付最高裁判所総会決議第1号25項）。当該制限は、会社代表者にも適用される。

(2)　幼児がいる女性など

　以下の者を、会社清算、債務不履行・重大職務違反などの場合を

除き、解雇することは認められない（261条4項）。したがって、人員削減を理由として、以下の者を解雇することは違法である。

(a)　3歳未満の子供を有する女性

配偶者の有無、配偶者の就労状況、当該児の養育の事実、他の子供の有無は問われない。女性に限り、かかる保護が与えられている点は、憲法には反しないとされている（2011年12月15日付憲法裁判所判決第28-П号4項）。

(b)　18歳未満の障害児または14歳未満の子供を養育しているシングル・マザー

「シングル・マザー」とは父親なく子供を養育している者である。父親なく養育している場合とは、父親が死亡している・失踪宣告を受けている、父親が親権を剥奪されている・親権が制限されている（ロシアでは離婚後も父母の双方が子について親権を有する）、父親が行為能力を制限されている、服役中である、養育を放棄している場合などを示す（2014年1月28日付最高裁判所総会決議第1号28項）。

(c)　母親なく18歳未満の障害児または14歳未満の子供を養育している者

母親なく養育している場合とは、母親につき、上記(b)の状況が存在する場合である。

(d)　他方の親（法定代理人）が就労しておらず、18歳未満の障害児を養育する収入を唯一得ている親（法定代理人）

(e)　他方の親（法定代理人）が就労しておらず、14歳未満の子供が3人以上いる家庭において、3歳未満の子供を養育する収入を唯一得ている親（法定代理人）

◇5 懲戒解雇

(1) 懲戒処分

労働法は、職務不履行または不十分な職務履行につき、解雇を含む懲戒処分を認め（192条）、処分手続を定めている。懲戒処分としては、一般的に訓告、戒告および解雇が認められている。懲戒処分として基本給与の減額や罰金は認められない。解雇も、懲戒に関する一般的な手続を遵守する必要がある。

処分ができる期間は、原則、問題行為・不作為の発覚から1ヶ月以内、問題行為・不作為から6ヶ月以内である（193条3項、4項）。発覚とは、対象従業員を直接監督する者が知った時点であり、監督者に懲戒権限があるか否かを問わない。財務の検査・監査の結果、問題行為・不作為が明らかになった場合、問題行為・不作為から2年以内であれば、懲戒処分が認められる。問題行為・不作為につき刑事裁判となった場合、裁判の期間は算定期間に含まれない。

処分の可否、訓告・戒告・解雇の処分選択は、問題行為・不作為の軽重に相応でなければならず、その判断では、問題行為・不作為の深刻さ、対象従業員の勤務態度なども考慮要素となる（192条5項、2004年3月17日付最高裁判所総会決議第2号53項）。軽微な問題行為・不作為に対する不相応な懲戒処分は、無効とされる場合がある。

懲戒にあたり、対象従業員に書面での弁明を求め、2営業日経過後に懲戒処分を言い渡すことができる。言渡しには、懲戒の指令を作成し対象従業員の署名を得る。対象従業員が指令への署名を拒否した場合、その旨の書面を作成する。

(2)　懲戒解雇事由

　懲戒処分としての解雇は、正当な理由なく職務不履行を繰り返した場合、重大な職務違反を犯した場合や、特定のポジションにある者が不適切な判断をした場合などに許される（192条3項）。

①　正当な理由がない、繰り返しての職務不履行

　「繰り返し」とは、過去1年間に、一度は懲戒に処されていることを意味する（194条）。職務は、法律上負う義務のほか、労働契約書、職務明細書や就業規則に明記され、従業員が署名して認識しているものでなければならない（21条、68条3項）。

②　一度の重大な職務違反

　重大な職務違反は、一回であっても解雇事由となる。一般従業員について重大な職務違反に該当する事由は、限定的に列挙されており、他の職務違反を理由に解雇することは許されない（81条1項6号）。一方、会社代表者、支店長、駐在員事務所長、それらの次席については、具体的な職務違反は定められていない。たとえば、一般従業員に適用される重大な義務違反はもちろんのこと、会社代表者・その次席については、従業員の健康に損害を与えたり、会社に財産的損害を与えたりといった事態に繋がる職務違反が想定されている（2004年3月17日付最高裁判所総会決議第2号49項）。

　一般従業員による重大な職務違反としては、以下などが定められている。

(a)　正当な理由がない職場不在
(b)　酩酊状態、薬物その他の中毒状態での出勤
(c)　情報漏洩

情報管理の職責にあり秘密保持義務を負う者が、職務遂行の過程において知った情報を漏洩した場合に適用される（2004年3月17日付最高裁判所総会決議第2号43項）。対象情報は、国家秘密、営業秘密や個人情報など、ロシア法上の要件を満たし法律上保護されている情報に限られる。

(d) 他人の財産の横領、不正使用、意図的な破壊・損傷

横領などの問題行為が勤務場所で発生し、かつ、当該行為につき有罪判決が確定した場合、または、行政法違反事件を審理する権限を有する機関の決定が発効した場合に適用される。未遂は対象とはならない。対象財産には、雇用者や他の従業員の所有物のほか、社外の第三者の所有物も含まれる。解雇などの懲戒処分は、判決確定または決定発効の1ヶ月以内に行う必要がある（2004年3月17日付最高裁判所総会決議第2号44項）。

③ 会社代表者らによる不適切な判断

会社代表者、支店長、駐在員事務所長、それらの次席、主任経理については、不適切な判断をしたことにより会社に対し損害を与えた場合、解雇できる（81条1項9号）。不適切な判断は、事情を正しく分析しないで判断した場合や、不確かな情報・不十分な情報に基づき判断した場合に認定される。また、不利益な結果と判断との間に因果関係があるか、他の判断を採ることにより当該結果を避けることができたのかも考慮される（2004年3月17日付最高裁判所総会決議第2号48項）。

コラム：ビジネス上重要な情報

　解雇に繋がる情報漏洩の対象である営業秘密は、営業秘密法が定める要件を満たし、同法が認める秘密管理体制が敷かれている情報に限られる。ビジネス上重要な情報であっても、十分な秘密管理がされていない情報の漏洩につき、一度の重大な職務違反として解雇することは違法である（秘密管理体制については、第2章◇3(3)「ノウハウのライセンス」を参照）。労働関係においては、営業秘密法が定める事項のほか、以下も、秘密管理体制の確立要件として考慮される。雇用者自身または雇用者の取引相手が情報保有者である営業秘密情報を、従業員が職務遂行に利用する場合、同人に営業秘密情報一覧を確認させ、同人から理解した旨の署名をとること、同人に秘密管理体制および違反責任を確認させ、同人から理解した旨の署名をとること、および、従業員が遵守すべき秘密管理体制についての規則を定めることである（営業秘密法11条1項）。確認署名がないゆえに、漏洩情報が営業秘密に該当しないとされる場合がある。

　ロシア法上、退職後に、競業企業に再就職することを制限・禁止する合意には執行力がない点も、情報管理上、留意すべきである。営業秘密情報にアクセス権を与えられた者は、法律上、労働契約終了後も営業秘密を開示しない義務を負うが（営業秘密法11条3項2号）、開示情報が営業秘密情報と認定されなければ、この義務も意味を持たない。

(3)　能力の欠如

　職務遂行能力の欠如も解雇事由に挙げられているが、能力審査を実施し、その結果、労働契約書・職務明細書に定められている職務を遂行する能力がないことが認定された場合に限り、解雇できる

(81条1項3号)。能力審査手続は、業種・業界により様々な法令が定めているほか、社内で能力審査規則を具備していれば、当該規則に従う。解雇にあたっては、対象従業員の能力相応のポジション、能力以下のポジション、または、低給与のポジションに空きがあれば、当該ポジションを提案しなければならない。対象従業員が書面で提案ポジションへの異動を拒否するか、そもそも提案できるポジションがないことを証明できる場合、有効に解雇できる。

◇6　人員削減による解雇

(1)　事前検討事項

①　解雇対象の制限

　妊娠中の女性、幼児がいる女性など、一定の従業員を人員削減を理由に解雇することは禁止されているので、この点をあらかじめ確認しなければならない。

　実際には、妊娠の有無など、事前に確認することが難しい事情がある。解雇が制限されている従業員と合意により労働契約を終了することは禁止されていないので、この観点からも、人員削減による解雇を検討する際には、合意による労働契約終了も並行して準備される。

②　残留の優先権

　削減対象人員の選定においては、生産性・能力がより高い従業員に残留の優先権が与えられている（179条1項）。複数の者が同種の職務を遂行し、うち一部の者を人員削減として解雇する場合、当該優先権の分析を行わずに解雇を実施すると、解雇は違法とされる。

削減対象従業員と同種職務を行う者がほかにいない場合や、同種職務を行う者全てを解雇する場合、優先権を分析せずに解雇しても、解雇は有効である。生産性・能力が同等の従業員については、扶養者を2名以上有する者や、家庭内で唯一収入を得ている者などに優先権が与えられる。

　同種職務の有無は、労働契約書、職務明細書や人員体制表から判断される。実務上、これらの書面が整備されていない、職務内容が明確に書面化されていない場合が多く、人員削減を実施する前に、これらの書面を確認・整備する必要がある。

③　空きポジション

　削減対象従業員の勤務地において当該従業員が遂行しうる空きポジションがある場合、全てのポジションを提示し異動を提案しなければならない（81条3項、180条1項）。提案するポジションは、対象従業員の能力相応のポジション、能力以下のポジション、または、低給与のポジションであり、具体的なポジションを提案する必要がある。かかるポジションがない場合、提案の必要はなく、また、対象従業員が提案されたポジションへの異動を拒否した場合、解雇できる。労働協約・労働契約において他の地域でのポジションも提案すべき義務が定められている場合、雇用者は、勤務地以外でのポジションも提案しなければならない。

　「空きポジション」の有無は、人員体制表に基づき判断される。実務上、人員削減を正式に決定する前に、人員体制表を整理し空きポジションを削除するというステップが採られている。

(2) 人員削減手続の実施

① 人員削減の決定

「人員削減」では、人員体制表から対象従業員が遂行しているポジションを削除する決定を下す。人員削減の前提となる業績不振の事実や、人員削減回避のための経営努力は問われない。

まず、空きポジションをなくすために人員体制表を変更し、後に、人員削減を決定するために人員体制表を変更するという二段階を経る。

② 従業員への解雇予告の通知

労働契約を終了することができる時期は、対象従業員に人員削減・雇用終了を通知してから2ヶ月経過後である（180条2項）。就業規則などで2ヶ月の予告期間を短縮することは認められない。ただし、対象従業員が合意する場合、2ヶ月経過前であっても、平均月給の按分額を支払って、労働契約を終了することができる。平均月給額は、過去12ヶ月間に従業員に支払われた総額を平均値化した額である（139条）。算定に際しては、労働契約書において合意されている基本給与のほか、賞与、各種手当てなど、職務の対価として支払われた額が含まれる。雇用期間が長い従業員について長い予告期間を置く必要はなく、一律2ヶ月である。

解雇予告通知は、個別に通知する必要があり、通知を受けた旨、対象従業員から署名を取得しなければならない。従業員が署名を拒否した場合、その旨の書面を作成する。

③ 雇用センターへの解雇実施届出の提出

雇用者は、解雇の2ヶ月前までに雇用者所在地を管轄する雇用センターに対し、所定の様式で解雇を届け出なければならない（国民

就労法25条 2 項）。大量解雇に該当する場合、解雇の 3 ヶ月前までの届出が要請されている。

大量解雇には、①30暦日間に50名以上を解雇する場合、②60暦日間に200名以上を解雇する場合、③90暦日間に500名以上を解雇する場合、④総労働人口が5,000名未満の地区において、30暦日間に全従業員の 1 ％を解雇する場合が該当する（1993年 2 月 5 日付政府決定第99号承認規則 2 項）。地方政府は、地域の特徴や経済状況を考慮して、大量解雇につき別の要件を設定することができる。たとえば、モスクワ市については、モスクワ市政府、モスクワ労働組合連合およびモスクワ使用者連合が、労働市場に関する協定を締結している（2015年12月15日付、2015年から2018年についてのモスクワ三者協定）。同協定によれば、人員削減における大量解雇には、上記①、②および③のほかに、15名以上を雇用する会社において、30暦日間に全従業員の25％を超える人員を解雇する場合も該当するとされている。

解雇実施届出には、解雇対象者の氏名、ポジション、学歴、平均月給額を記載する（地域により書式・記載内容が異なることがある）。

雇用センターへの解雇実施届出は、労働法が定める解雇手続には含まれないため、当該届出を怠った場合、行政罰の対象となるものの、解雇自体が無効とされることはないとされている。しかし、地域によっては、雇用センターへの届出がない解雇が無効とされる場合があるので、解雇実施時には地域実務を確認する必要がある。

(3)　退職金の支払い

人員削減を理由に解雇を実施する場合、退職金の支払いが必要となる（178条）。

まず、雇用者は、雇用最終日に、一切の支払いと合わせて、平均月給相当額の退職金を払わなければならない。この退職金は、解雇後 1 ヶ月間の生活保障の意味合いがある。元従業員が解雇から 2 ヶ

月経過後も無職の場合、元雇用者は、平均月給相当額を支払う。解雇から3ヶ月経過しても未だ無職の場合、一定の条件の下、元雇用者は、さらに平均月給相当額を支払わなければならない。条件とは、元従業員が解雇から2週間以内に雇用センターに登録していたこと、および、雇用センターが支払いを決定したことである。このように、人員削減による解雇では、解雇後2ヶ月間の生活保障があり、例外的に3ヶ月目も保障されることになる（最初の1ヶ月間分は雇用最終日に受け取る）。それまでの雇用期間の長短は、退職金額や支払期間には影響を与えない。就労の事実は、労働手帳の記載により判断される。

　特定の極東地域において勤務する者は、より厚い保護が与えられている（318条）。無職の場合、無条件に生活保障が受けられる期間は3ヶ月であり、解雇から1ヶ月以内に雇用センターに登録すれば、雇用センターの決定により、最長で解雇後6ヶ月間の生活が保障される（最初の1ヶ月間分は雇用最終日に受け取る）。

(4)　労働組合がある場合

　労働組合が組織されている場合、雇用者は、解雇の2ヶ月前までに、大量解雇の場合は解雇の3ヶ月前までに、労働組合に人員削減を決定した旨を通知しなければならない（82条1項）。対象従業員が労働組合員である場合、労働組合の意見を考慮しなければならないが（82条2項、373条）、現在、組合の同意までは要請されない。

◇7　会社清算による解雇

　会社を清算する場合の解雇手続は、人員削減の場合に類似するが、解雇制限などの事前検討は不要である。会社の清算を決議した

後、従業員に個別に解雇予告通知を、雇用センターに解雇実施届出を出す。通知・届出から2ヶ月経過後の指定日に（15名以上を雇用する会社の清算は大量解雇に該当し、雇用センターへの届出から3ヶ月経過後の指定日に）、従業員との労働契約は終了する。

雇用最終日には、人員削減と同様、平均月給相当額の退職金を支払い、その後、元従業員が就労できない場合、追加で平均月給相当額を支払う。

◇8　会社代表者との労働契約の終了

ロシアの会社では、会社機関として執行機関（代表者）や監督役員会が設置されるが、代表者と会社の間には労働関係が発生する（273条1項、2015年6月2日付最高裁判所総会決議第21号2項）。監督役員会の構成員については、構成員としての職務については労働関係は発生せず（2004年3月17日付最高裁判所総会決議第2号8項）、従業員としても勤務している者に限り、当該職務について労働関係が生じる。会社代表者には、会社法令および労働法が適用されるが、これらの法律は相互に関連付けられていない点があるため、会社代表者の任命・解任には、齟齬が生じないよう注意して調整する必要がある。

会社代表者が辞職を希望する場合、1ヶ月前までに申し出れば、労働契約は終了する。

会社代表者とは有期労働契約を締結することができ、期間満了により労働契約は終了する。この場合、法律上、退職金や補償金の支払いは義務ではない。

会社代表者の任命・解任権限を有する会社機関は、代表者の任期中であっても、代表者を解任でき、この場合、労働契約は終了する。

解雇事由となるような有責事情がない場合でも解任することは可能である。しかし、有責事情がない場合、平均月給3ヶ月分相当額以上の補償金を支払わなければならない（279条）。具体的な補償金額は、労働契約書が定めるが、労働契約書で合意されていない場合、裁判所が決定する（2015年6月2日付最高裁判所総会決議第21号12項）。

ロシアの会社登記では、代表者の任期は登記事項ではないため、任期・労働契約期間を1年として、1年ごとに業績を検証して再任・契約更新を判断する会社もある。この場合、法律上は、退職金・補償金を支払わなくても問題なく、有責事情の有無で争いが生じることはない。会社代表者については、労働契約により解雇事由や、労働契約終了事由を追加することができるので、労働契約を充実させることでも、争いを回避することができる。

◇9　業務評価が低い一般従業員との労働契約の終了

能力不足と感じる従業員や、ミスが多い従業員を解雇したいという事例は多いが、解雇事由となる能力欠如の要件を満たす例は少ない。そのため、労働契約終了の複数の可能性を検討し、並行して、手続を進めてゆく。

① 懲戒解雇
職務不履行に対する懲戒処分としての解雇が考えられる。この点、対象従業員の職務が明確でない場合が散見される。労働契約書記載の職務が抽象的であったり、職務明細書が策定されていないといった事情による。また、ミスや問題行為が頻発しているとしても、指令を作成していないなど正式に懲戒処分を行っていないこともあ

る。このような状況では、労働契約書、職務明細書、就業規則など
を整備し、職務を明確にするところから始め、職務遂行を注視し、
問題があれば正式な懲戒手続により処分をしてゆくことになる。

　過去に懲戒処分がされている場合、過去処分について、その相応
性・手続遵守を確認する必要がある。過去1年内に懲戒処分が行わ
れていれば、二度目の懲戒処分で解雇が可能となるが、解雇の段に
なり、前回の懲戒処分の相応性・手続遵守が争われることがある。
たとえば、懲戒処分に値しない程度のミスであった、弁明の機会が
与えられていなかった（与えたことの証拠がなかった）、などである。
先の懲戒処分が無効と判断されると、「債務不履行の繰り返し」がな
く解雇も無効とされる。そのため、過去1年内に懲戒処分が一度で
はなく二度以上行われた場合に、解雇に踏み切るという対応もあ
る。

②　人員削減による解雇

　解雇制限者に該当しないと考えられる場合、人員削減を検討す
る。人員削減の決定と同時に、または、時間を置かずに類似ポジ
ションを設定し新たに別の者を雇用する場合、実質的な人員削減が
なかったものとみなされ、解雇は無効とされる危険がある。解雇対
象従業員の職務を残る従業員に割り振り、当面、増員しないなど、
人員体制および各従業員の職責の見直しも必要となることがある。

③　合意による労働契約の終了

　①や②のような法定手続による解雇は、時間がかかり、また、手
続が厳格であるため後に解雇の有効性を争われるリスクがある。そ
のため、解雇事由がある場合であっても、合意での労働契約の終了
を目指すことが多い。実際には、解雇事由を確定し、合意による契
約終了の提案と同時に、解雇予告通知も提示できるように準備を進

134　　第6章　ロシア従業員を解雇する

める。

　従業員との協議の中心は、多くの場合、退職金額である。合意での契約終了について、法律上、雇用者に退職金を支払う義務が課されているわけではないため、懲戒解雇が可能であることが明白な場合など、退職金を支払わずに合意に至ることも皆無ではない。労働手帳には条文を引用して労働契約終了事由が記載されるため、「解雇」の記載が残らず、つぎの雇用者に労働契約終了の詳細を知られない点で、合意による労働契約の終了は従業員にはメリットがある。退職金の「相場」はないが、法定の解雇手続を勘案して、解雇予告期間の２ヶ月、雇用最終日に払われる平均月給相当額を考慮した、基本給与または平均月給の３ヶ月分が一つの基準といえる。もう一つの基準は、従業員が就労できない場合に元雇用者が負担する退職金額（平均月給２ヶ月分相当額）も考慮した、基本給与または平均月給の５ヶ月分である。基本給与を低め、報酬を高めに設定している給与体系では、基本給与と平均月給の差が大きくなるので、退職金額を提案する前に、平均月給を算定しておくことが推奨される。

　合意による労働契約終了を提案する際、同日で雇用が終了する内容の合意書、同日を雇用最終日とした一切の支払総額を提示し、同日で労働契約を終了させることが理想的なシナリオである。しかし、同日に、退職金を含めた支払い全て、人事関連書面全ての作成を完了させなければならないため、解雇終了日の決定にあたっては、対象人数や、経理担当者などにあらかじめ内密に準備をしてもらうことが可能なのかも検討しなければならない。

④　辞職

　解雇や合意による労働契約終了を切り出すと、従業員が辞職を申し出てくる場合がある。法律上、辞職者には退職金や補償金を支払

う義務がないため、解雇や合意による終了よりも望ましいようにも
みえる。しかし、辞職申出は撤回が可能なため、退職金を払ってで
も労働契約終了を合意しておくことも検討に値する。

第7章　ロシアに日本人を派遣する

　経済停滞時にはロシア人雇用を確保するため外国人就労を制限する傾向になるが、専門性を有する外国人の就労には肯定的である。専門性を有する外国人については、「高度な専門性を有する外国人」（HQS、Highly Qualified Specialist）という地位で就労条件が優遇される上、諸手続も簡易なため、日本企業は、当該地位で日本人を派遣するように調整・手配している。

　ロシア子会社などのロシアにおける拠点の有無にかかわらず、技術支援やEPC（設計、調達、建設）のためにロシアに日本人を派遣する場合も少なくない。たとえば、EPCでの建設監督員、技術支援のための技術指導者や、納入製品の据付作業員・保守作業員の派遣がある。派遣構成（契約構成）の決定には、諸事項が検討されるが、主な検討事項は、労働許可等の取得とロシアでの納税である。

　外国人に関する規制は、経済状況により左右され頻繁に法令が改正されるので、日本人を派遣する時々に確認する必要がある。

◇1　外国人の就労

(1)　外国人就労の制限
　政府には、外国人就労を制限する一般的な権限が認められており

（外国人法18.1条5項）、現在、①特定業種における外国人雇用可能割合、および、②地域ごとでの雇用可能外国人数が設定されている。①の制限は、主に小売業を営む企業につき設定されている。たとえば、2017年の外国人雇用可能割合は、医薬品小売業の企業では0％、アルコール飲料小売業の企業では15％となっている（2016年12月8日付政府決定第1315号）。②については、毎年、地域ごとに外国人雇用可能人数が設定され、各企業に雇用枠（クォータ）が割り当てられる制度が導入されている。ただし、「高度な専門性を有する外国人」は、①・②の外国人就労者には含まれず、雇用に制限はない。

　地下資源開発など、国防上、重要な産業への外国投資には一定の制約があるが、外国人雇用は一般的には制限されておらず、核関連企業など限られた国防関連企業で禁止されている（外国人法14条1項、2002年10月11日付政府決定第755号）。一方、産業にかかわらず、ロシア政府が過半数の株式（持分）を有する企業の執行職に外国人を任命する場合、特別な任命手続を経る必要がある。

(2)　外国人就労の要件

　日本人がロシアで就労する場合、原則として、就労査証・労働許可（以下、「労働許可等」とする）を取得しなければならない（外国人法13条4項、出入国法25.6条6項）。労働許可等には、従来のもの（以下、「通常労働許可等」とする）と、簡易手続により取得し優遇的な地位が与えられる「高度な専門性を有する外国人」のためのもの（以下、「優遇労働許可等」とする）の二種類がある。

　通常労働許可等の取得には、雇用者が事前に外国人雇用許可および雇用枠を取得していること、2015年1月からは就労予定者がロシア語、ロシア歴史およびロシア法律の試験に合格していることが必要である（外国人法18条、18.1条、15.1条）。通常労働許可等は、最長期間1年、就労予定の行政地区ごとに取得しなくてはならない。雇

用許可は取得から1年のみ有効であり、雇用枠は暦年で割り当てられる。雇用枠は、雇用予定年の前年6月前後までに申請しなければならない。現在、申請期限は毎年変更されるので、毎年、当局に確認する必要がある。会社代表者、部門長、主任エンジニアなど、例外的に、通常労働許可等の取得に雇用枠の取得が免除されている役職がある。

　優遇労働許可等では、外国人雇用許可、雇用枠取得および各種試験は免除されている。優遇労働許可等は、最長期間3年、一許可で複数行政地区での就労が可能である。優遇労働許可等取得の重要要件は「給与額」であり、経済特区などの例外を除き、毎月16万7,000ルーブル以上の給与がルーブルで払われる必要がある（外国人法13.2条1項3号、労働法131条1項）。「高度な専門性」の有無は雇用者の判断に委ねられ、相応の職歴や学歴は厳格には要請されず、就任役職は限定されない。日本企業では優遇労働許可等取得のために給与額や支払いが工夫されているが、同種役職の現地従業員との間に給与格差が生じる場合、労働法に抵触するので、就任役職には留意しなければならない（労働法132条2項）。

　通常労働許可等であっても優遇労働許可等であっても、その取得に一定数のロシア人を雇用することは要請されない。

(3)　不法就労に対する罰則

　労働許可なく就労する場合や労働許可記載の役職・就労場所以外で就労する場合、就労者、雇用者と認められる法人、当該法人内の責任者（代表者や人事担当者など）が処罰の対象となる（行政罰法18.15条）。モスクワ市・モスクワ州・サンクトペテルブルグ市・レニングラード州での違反は、就労者に5,000から7,000ルーブル、責任者に3万5,000ルーブルから7万ルーブル、法人に40万ルーブルから100万ルーブルの過料または14日から90日の事業停止となる。また、優

◇1　外国人の就労　　*139*

遇労働許可等の不正取得が問題となり、2015年から、虚偽情報に基づき申請した場合などに、2年間、優遇労働許可等の取得が禁止される措置が導入されている（外国人法13.2条26項、26.1項）。

◇2　子会社などロシア拠点への日本人の派遣

⑴　代表者などへの就任

　ロシアに派遣される日本人は、ロシア子会社の代表者や監督役員会構成員に就任することも多い。

　会社設立時の代表者に外国人は認められないと指摘されることがあるが、会社法上、法人登記法上、代表者の国籍要件はない。実務上も、外国人を代表者とする設立登記申請が却下されることはない。ただし、代表者は就任（設立登記）によりロシアでの就労が認定され、外国人代表者であれば、設立登記時点で労働許可を保有してなければならないことになる。しかし、労働許可等は会社設立後に申請できるため、初代代表者となった外国人は、設立登記から労働許可等取得までの期間、労働許可なく就労している不法就労となる。当該期間は、優遇労働許可等で1ヶ月半、通常労働許可等で4ヶ月ほどなので、当該期間中、外国人代表者が、極力、活動しないことで対応している企業も多い。会社設立後の二代目以降の代表者の場合、労働許可取得後に代表者を交代し就任すればいいので、かかる問題は発生しない。

　代表者には居住要件もないが、実際の居住地にかかわらず、就任により労働法が適用され（労働法43章、2003年1月20日付最高裁判所総会決議第2号4項）、移民法も適用されると解されているため、最低賃金以上のルーブル給与や労働許可等などが必要となる。在外代表者が労働許可等を取得しない例も少なくないが、近時、公証人や銀

140　　第7章　ロシアに日本人を派遣する

行などが代表者の労働許可等の提示を求める傾向にある。提示を求められた場合、在外代表者に労働許可等がないと業務に支障をきたす恐れがある。

監督役員会構成員についても、国籍要件・居住要件は定められていない。任命されてもロシアでの就労は認定されず、労働法・移民法は、監督役員会構成員がロシアにおいて従業員として就労する場合に限り、当該従業員地位につき適用される（労働法11条）。外国法人の支店長・駐在員事務所長についても、国籍要件・居住要件はないが、会社代表者同様、居住地にかかわらず、労働法・移民法の遵守が要請される。

(2)　二重雇用

日本人がロシア子会社とロシア企業との合弁会社の両方で就労する場合や、ロシア子会社代表者と日本本社の駐在員事務所長を兼務する場合がある。このような場合、雇用者が異なるので、それぞれの法人において労働許可を取得しなくてはならない。

◇3　プロジェクトに基づく日本人の派遣

(1)　労働許可等の取得

労働許可等の要否につき、派遣者の活動が、①ロシアでの「就労」に該当するか、②該当するとしても例外的に労働許可等の取得が免除されているかが、問題となる。

ロシア法上、「就労」は明確に定義されていないが、一方で、「就労」に該当しないゆえに労働許可等は要請されず、「出張のための商用査証」のみで許される活動として、協議、商談や展示会参加などが言及されている（2003年12月27日付共同指令：外務省令第19723Ａ

号・内務省令第1048号・国防局令第922号）。ロシアでの作業が後者の範囲内か、または、後者の範囲内に限ることができるのか、検討することになる。

ロシアに技術設備が納入され、製造業者・納入業者の従業員（外国人）が、当該設備の据付（据付監督）、保証業務、保証期間終了後の修理のためにロシアに派遣される場合、労働許可等の取得は不要である（外国人法13条4項4号）。労働許可等の代わりに「テクノサービスのための商用査証」に基づき、180日間中90日、活動できる（上記共同指令）。動産の据付作業への適用に否定的な見解があるものの、取得手続は厳格ではなく、資源関係のプロジェクトなどで活用されている。

労働許可等を要する活動の場合、その取得方法が問題となる。労働許可等は、ロシア法人または外国法人の駐在員事務所・支店と労働関係がある外国人に与えられる。技術支援やEPCのためにロシアに派遣される日本人は、技術支援契約やEPC契約のみに基づき労働許可等を取得することはできない。

(2)　ロシアでの納税

原則として、外国企業の従業員が、サービスといった商業行為性の活動を恒常的に行う拠点がある場合、その拠点は恒久的施設（Permanent Establishment、以下、「PE」とする）と認定され、当該外国企業に、拠点での活動に関し納税義務が発生する（税法306条2項、307条）。PEは税法上の概念であり、拠点が、ロシア民事法上、外国企業の支店や駐在員事務所として認証されているか否かに関係はなく、従業員が商業行為性がある活動をしているか否かの事実が注目される。「恒常的」とは、法律上定義されておらず、税務登録義務制度から、実務上、活動が暦年で30日を越える場合が目安にされている。

PE 認定については、日本とロシアの間の条約およびロシア法が、例外的扱いを定めている。日露間租税条約によれば、建設・据付活動が12ヶ月以内であれば、PE は認定されないとされる（日露租税条約4条2項）。建設や据付の「指揮監督業務」については、12ヶ月以内であっても PE 認定されるとする見解がある。また、ロシア税法は、外国企業の従業員がロシア企業に派遣され、派遣先ロシア企業の管理・監督の下で活動する場合には、派遣元外国企業の PE は認定されないことを認めている（税法306条7項）。これまで、PE 認定回避のために役務提供につき派遣契約が選択されることもあったが、2016年1月以降は、注意を要する（人材派遣については、第6章◇1⑵「人材派遣」を参照）。

ロシアにおいて納税するためには税務登録が必要であり、税務登録があればロシア法人や外国法人支店の登記は必須ではない。ただし、税務登録も税務登録抹消も、法人・支店の登記・登記抹消と変わらない期間と手間を要する。

コラム：税務登録義務

外国企業の従業員が1ヶ月を越えて特定の勤務場所で活動する場合、企業は当該地において税務登録をしなくてはならないという税務登録の制度がある（税法83条4項）。税務登録ルールは、PE 認定ルールと混同されることがあるが、厳密には異なる制度である。確かに、PE 認定により納税義務が発生すると、納税のために税務登録が必要になるが、税務登録義務が発生しても、PE 認定による納税義務が発生しない場合がある。税務登録ルールの対象となる「活動」は、PE 認定対象となる商業行為性の活動に限られないためである（例、外国企業の駐在員事務所）。

税務登録ルールでは、従業員の活動期間である1ヶ月の算定方

◇3　プロジェクトに基づく日本人の派遣　　143

法が明確ではないが、保守的に、1年間の累計で算定するものと考えられている。2010年施行改正以前、1年間で継続的または累計で30暦日を越えて活動する場合、または、活動する予定である場合に、税務登録義務が発生すると定められていたことが影響している。

(3) 日本人派遣のストラクチャー

労働許可等の取得・ロシアでの納税が要請される場合、2017年3月現在、法令を遵守した上でビジネスの要請にも応えるように派遣構成（契約構成）を立てることは簡単ではない。派遣者の活動内容、派遣頻度、派遣期間、派遣人数や、顧客ロシア企業との関係、派遣者の身分保障などの諸事情に基づきリスクを分析し、リスクの高低を勘案して派遣構成（契約構成）は決定されている。

① プロジェクト拠点の設立・拠点での雇用

法令遵守を重視し、プロジェクトのためにロシア子会社や支店を設立して納税し、当該拠点において派遣者を雇い入れて労働許可等を取得することが考えられる。法的リスクを排除した構成だが、ビジネス上、実際に機能する場面は限られる。拠点設立や従業員管理も含めた拠点運営に費用が発生し、当該費用分をプロジェクト対価に上乗せできない場合、採算が確保できない恐れがある。また、ロシアでは、ロシア会社・外国会社の支店の休眠制度がないため、プロジェクトが終了し活動がなくなっても拠点登記がある限り、最低限の運営事務・費用が発生する。拠点閉鎖（登記抹消）には、法人であっても支店であっても、半年から1年を要し、その間も一定の運営事務が続く（第4章◇3「拠点の閉鎖」を参照）。

さらに、労働許可等の取得に一定の時間を要し、早めに派遣者を

144　第7章　ロシアに日本人を派遣する

特定する必要があるため、機動的に日本人を派遣することが難しい。したがって、拠点設立構成は、プロジェクトや派遣が長期にわたる場合に採用される。

② 顧客ロシア企業での雇用

派遣日本人による作業を必要とするロシア企業が、派遣日本人を直接雇用することも考えられる。派遣元企業に税務上の問題は発生せず、労働許可等の取得も可能である。ただし、ロシア企業が完全子会社ではなく、他のロシア企業との合弁会社や非関連会社の場合、費用（給与）負担や事務負担、派遣者の身分保障が不十分になることもある。また、労働許可等の取得に時間が必要な点は、上記の拠点設立構成と変わらないので、派遣期間によっては、この構成も実務上は難しい場合がある。

③ 人材派遣契約に基づく派遣

日本企業が、人材派遣契約に基づき、顧客ロシア企業などに日本人を派遣することも考えられる。ロシア税法は、外国企業の従業員がロシア企業に派遣され、派遣先ロシア企業の管理・監督の下で活動する場合には、派遣元外国企業のPEは認定されないことを認めているので、税務上の問題は発生しない。

しかし、2016年1月以降、人材派遣ができる認定会社はロシア会社に限られ、それ以外では関連会社からの派遣に限り認められる。しかも、関連会社からの人材派遣についての要件は不明確な上、現状、人材派遣のみに基づき労働許可等を取得することができない（第6章◇1(2)「人材派遣」を参照）。

◇3 プロジェクトに基づく日本人の派遣　　145

第8章　ロシア企業との紛争を予防・解決する

　ロシア・ビジネスでは、ロシア以外の国の法律が用いられ、紛争解決に関しては、ロシア以外の国での解決が好まれることが多い。しかし、ロシア・ビジネスである以上、ロシア法に留意する必要があり、場合によっては選択の余地はなく、ロシア法が適用されたり、ロシア内で紛争を解決しなくてはならない場合がある。

　契約を締結する際には、紛争が発生した場合にどの国の法律に基づき解決するか、どこでどのように解決するか、ロシアの制度か、ロシア外の制度か、また、裁判か仲裁か、あらかじめ取り決めておくことが推奨される。どのように取り決めておくべきかは、取引当事者・取引内容によるので、都度、個別事情を勘案して検討することになる。

◇1　ロシア「弁護士」への依頼

　ロシア・ビジネスについての法的サポートを、そもそもどの国の弁護士に頼むのが良いのかという問題があるが、ここでは、ロシアの「弁護士」について説明する。

(1) 民事法律事務の依頼

　ロシアにも、いわゆる「弁護士」という地位（資格）を有する業種があるが、契約書の作成やレビュー、法的意見が必要となった場合、弁護士にしか依頼できないということはない。ロシアでは、民事法律サービスの提供に何の規制もなく、誰でも民事に関する法律サービスを提供し対価を得ることができるからである。現状、弁護士と、弁護士ではない一般の者が、同様の法律サービスを提供している。

　では、依頼する先の選定にあたり、弁護士資格の有無をしっかり確認すべきか、というと、必ずしもそうとは言い切れない。民事法律サービスの提供に資格が要件ではないため資格取得のモチベーションは上がらず、また、現行弁護士制度が「ビジネス・ローヤー」に不向きな点があり、あえて資格を保有しないことを選択する者がいるからである（(4)「弁護士の資格・地位」を参照）。

コラム：「アドボカート」と「ユリスト」

　ロシアの「弁護士」について、「アドボカート（Адвокат）」と「ユリスト（Юрист）」という名称が出てくる。

　アドボカートとは、法律事務を行う専門家として公的な地位を有する者である。本稿では、以下、「弁護士」とする。後述のとおり、弁護士の地位を取得するには、資格試験に合格し弁護士会に所属しなくてはならない。

　一方、ユリストとは、法学教育を受けた者や法律業務に従事する者の総称である。裁判官、検察官、弁護士（アドボカート）、公証人、弁理士がユリストの典型例である。弁護士資格がなく法律サービスを提供する者や企業・組織の法務部で働く者もユリストである。稀ではあるが、法学教育を受けていなくとも法律業務を

◇1　ロシア「弁護士」への依頼　　*147*

行っているのであれば、その者もユリストである。ユリストであることに法学教育は必須要件ではない。司法書士や行政書士という資格は存在せず、また、カテゴリーとしても存在しないので、日本の司法書士・行政書士が行う業務を遂行する者も、ユリストと呼ばれる。

(2) 訴訟代理の依頼

① 企業の訴訟代理人

ロシアで企業が訴訟を提起する場合、または、提起された場合、訴訟代理人に弁護士を任命することも、弁護士資格がない者を任命することもできる。

弁護士法は、法人の訴訟代理人は、法人の代表者・従業員のほかは、弁護士に限り務めることができるとした上で、連邦法で例外を定めることを認めている（弁護士法2条4項）。例外は、訴訟法に定められている。たとえば、企業が企業を相手に争う商事訴訟では、企業の代表者・従業員、弁護士、その他の者が訴訟代理人になることができ（商事訴訟法59条3項）、企業が従業員から訴えられ紛争となる通常訴訟でも、企業は、弁護士資格（地位）を保有しない者を訴訟代理人に立てることができる（民事訴訟法49条）。

ロシア法上、訴訟代理人には、被後見人ではないといった消極要件は定められているものの、積極要件としては、弁護士資格のみならず法学教育も求められていないということになる。

② 個人の訴訟代理人

個人の訴訟代理については、弁護士法も民事訴訟法も商事訴訟法も、特に訴訟代理人に制限を設けていない。

ただし、後述のように企業の訴訟代理人の資格につき議論がされる中で、2015年に採択された、個人の行政事件訴訟を規定する行政事件手続法では、訴訟代理人に弁護士資格は要件ではないものの、高等法学教育が要求されている（行政事件手続法55条１項）。代理するにあたり、学歴証明書の提出が求められる。さらに、法令を争う場合、本人が法学教育を受けていない場合、本人訴訟は許されず代理人を立てなければならない（行政事件手続法208条９項）。

③　刑事弁護人

　刑事事件の弁護人には弁護士が認められているが、裁判所の決定により、弁護士に加え、親族や、被告人の申し立てるその他の者が弁護人になることが認められている（刑事訴訟法49条２項）。また、治安判事において審理される軽微な事件では、親族やその他の者が、弁護士に代わり、弁護人として活動できる（治安判事については、本章◇３⑵「通常裁判所での紛争解決」を参照）。この際、法律上、弁護人に法学教育も実務経験も要請されていない。

⑶　法律事務・訴訟代理の規制

　民事法律サービスを誰でも提供できる現行制度については、絶えず、改革の議論がされている。弁護士は、弁護士法や弁護士会の職業倫理規律に服し、不適切業務や倫理規律違反があれば、所属弁護士会が資格剥奪を決定できる。しかし、弁護士資格なく法律サービスを行う者については、かかるペナルティーがない。そして、弁護士資格を剥奪された者も、後者として、引き続き法律サービスを続けることができるのである。

①　近時の規制動向

2014年、専門的法律サービス市場の規制を含んだ司法改革国家プ

ログラムが採択され（2014年4月15日付政府決定第312号）、このプログラムを受け、弁護士会が中心となって、2015年、「専門的法律サービス市場の規制に関するコンセプト」が策定された。

　当該コンセプトは、既存の弁護士制度を基に法律サービスを提供する者を統一することを提案している。つまり、法律サービス提供者を弁護士資格保有者に限定し、現在、資格なく法律サービスを行っている者に弁護士資格を取得するように促すものである。ただし、企業内の法務部員については、雇用企業の訴訟代理を認めている。

　法律サービス提供者の資格については過去に何度も規制や議論があり、その変遷からは、資格規制がロシア社会に容易には受け入れられないことがわかる。弁護士会は政府に対し2016年中に当該コンセプトの承認を求めていたが、2017年に入っても、当該コンセプトの内容や法改正の議論は続いている。

②　過去の規制・議論

　第一の規制は、1995年から1998年に敷かれていた。法律サービスはライセンス事業として、高等法学教育・3年の実習を受け、司法省からライセンスを取得した者のみが従事できた（1995年4月15日付政府決定344号）。この時期にも弁護士は存在したが、弁護士活動は当該規制の適用外であった。したがって、1995年から1998年の間は、弁護士とライセンスを付与された者が法律サービスを提供していた。

　第二の規制は、2002年から2005年まで導入された。2002年5月にソ連崩壊後初めて弁護士法が採択され、また、2002年7月に新しい商事訴訟法が採択され、法人の訴訟代理に制限が付された。企業が商事訴訟に参加する場合、その代理人は、企業の代表者・従業員のほかは、弁護士に限られた。もっとも、企業は、訴訟の際には、弁

護士資格なく法律サービスを行う者を従業員として雇い入れて対応していたという。2004年、法人の訴訟代理人を、従業員以外では弁護士に限定している点が、憲法に反すると判断され（2004年7月16日付憲法裁判所判決第15-P号）、2005年3月、限定は撤廃された。

2008年、改めて規制が議論された。訴訟代理を含めた法律サービス全般の担い手を、弁護士や公証人などの特定の地位を有する者に限定する法案が発表された。悪質・低質な法律サービス提供者を、完全に法律サービスの世界から排除することを狙っていたといえる。しかし、2008年法案は、資格なく法律サービスを提供する者だけではなく一般企業からも、直ちに反対を受け、国会にも諮られなかった。自由競争市場では、法律サービスについても顧客がサービサー選択の自由を有するとの考えが根強かった上に、弁護士だから質が良いサービスを提供できるというコンセンサスが社会になかったと考えられる。

第四の規制の動きは、2012年、裁判所から出てきた。裁判の質の向上、裁判手続の迅速化、裁判官の負担軽減を目的とし、商事訴訟の上級審での訴訟代理を、裁判所が認証した弁護士・従業員のみに限るというものであった。弁護士であれば訴訟代理が認められるというわけではない点で、裁判所も弁護士の質に懐疑的であったことが窺える。しかし、この規制も議論は進まず立ち消えになった。

コラム：訴訟代理制限に対する違憲判断

2004年、憲法裁判所は、訴訟代理人の選任は、憲法が保障する司法保護を受ける権利の一環であるとし、商事訴訟において、個人は自由に代理人を選任できるのに対し、企業は選任権限が制限されている点に当事者間に不平等があり、企業の憲法上の権利が侵害されている、また、民事訴訟に参加する企業は訴訟代理人の

◇1　ロシア「弁護士」への依頼　　*151*

選任に制限がないのに対し、商事訴訟に参加する企業は制限を受けるという点でも不平等があるとした。また、憲法は、契約の自由、事業活動のために自身の能力を自由に活用することを保証しており、弁護士との関係で、弁護士資格のない者は、かかる自由・権利が侵害されており不公正であるとされた。

(4) 弁護士の資格・地位

　弁護士会は各地（各連邦構成主体）に組成され、連邦弁護士会が地域弁護士会を統括している。連邦弁護士会の発表によれば、2015年12月末、会員数は7万6,768名で、前年比では730名増加している。会員が一番多い弁護士会がモスクワ市弁護士会で8,969名であり、続いて、モスクワ州弁護士会5,456名、サンクトペテルブルグ市弁護士会3,857名である。

　弁護士資格の取得には、高等法学教育を受け、2年以上、法律業務に従事するか、1年から2年、弁護士事務所で実習し、資格試験（筆記および口頭）に合格しなければならない。資格試験は、各地の弁護士会が実施し合否を決定する。受験者数や状況を考慮するため、試験の実施頻度・時期（年に1回か複数回か）や、実施方法（PC上か筆記か、1日か2日間か）は、弁護士会により異なるが、試験問題一覧は連邦弁護士会が承認し、発表されている。試験項目は、弁護士の歴史、弁護士倫理、民法、労働法、家族法、民事訴訟、商事訴訟、行政訴訟、行政法、刑法、刑事訴訟、税法、憲法裁判所における手続、国際法、欧州人権裁判所手続である。連邦弁護士会の会長は、2016年6月末のインタビューにおいて、試験の合格率は低く、70％であると説明している。

　基本的には、居住し納税している地の弁護士会で試験を受け弁護士登録をするが、ロシアは、州などの連邦構成主体ごとに法制度が

あるわけではなく、弁護士の地位はロシア全土で有効である。

　法律サービス市場の改革議論では、弁護士の法的地位の問題も指摘されている。弁護士は、憲法が保障する国民の法的権利を保護する「法的支援」という特殊な任務を遂行し、「事業活動」を禁止されている。したがって、個人事業者とはみなされず、個人事業者向けの優遇策を享受できない。業務は個人受任であるため、業務責任は個人で負い、それゆえ、大型案件の受注には慎重になるという。一方、弁護士資格がない者は、業務遂行に何ら規制がないため、会社形態でも個人事業者としても法律事務所を運営できる。会社形態であれば、会社が業務を受任し責任を負い、従業員である者が個人で責任を負うことはない。依頼者からすると、個人よりも賠償能力がありマンパワーもある会社が責任を持って受任するので、大型案件を依頼しやすい。弁護士は被雇用者となることが認められていないため、弁護士資格を保有したまま会社形態の法律事務所で働くことはできない。外資法律事務所もロシア法のサービスが提供でき会社形態で運営しているところが多いところ、会社形態の法律事務所に弁護士資格を保有している者が入所を希望する場合、資格を抹消してから入所することになる。

◇2　公証制度の利用

　公証制度は、権利関係を明確にして紛争を事前に防ぐことで、市民や企業の権利・法的利益を保護することを目的としている。公証制度は、各国で活用されているが、公証人の業務・責務は、国により異なる。ロシアの公証人の業務については、連邦公証人協会発表の2013年活動報告書によれば、文書の写しの認証案件が全件数の47.5%、署名の認証案件（翻訳認証、登記申請書の署名認証など）が

20.2％、委任状の認証が15.6％を占める。案件数は少ないが、公証人は、契約や遺言などの法律行為の認証や登記登録手続も行う。近時、公証人の職域・権限が拡大している。

(1) 公証人業務

① 契約の認証

　法律が、公証人による認証を義務付けている契約は、認証がなければ無効である（民法163条3項）。公証人による契約認証は契約の法的有効性の確認である（民法163条1項）。後に法的に無効とされた場合、公証人個人が損害賠償責任を負う。そのため、公証人は、関連書面を詳細・厳格に照合・確認する。馴染みのない外国の文書については、追加資料・別資料の提出を求めることがある。また、認証する契約書の契約条項や文言にもこだわるため、事前に契約書案を協議し合意しておく必要がある。さらに、公証人は、概して、外国法に準拠する契約の認証を受け付けない。公証人に契約を公証してもらう必要がある場合、早い段階から公証人と連絡をとり、各種の書面を協議・確認する必要がある。

　公証人による契約の認証は、詐欺や書面偽造による資産喪失といった問題を防ぐという点では権利保護に資するが、一方で、取引に厳格な手続を求めるので、取引の迅速性や柔軟性を阻害する要素にもなりうる。どのような契約に公証人認証を義務付けるか、ビジネス界と公証人業界とで意見が一致しないことがある。

　認証が義務である契約としては、有限責任会社の持分譲渡がある。関連の登記変更も、認証した公証人が行う（第4章◇4(3)③「譲渡契約の公証・法人登記の変更」を参照）。投資契約も認証しなければならない（投資契約法8条）。2012年の民法改正では、公証人業界が、不動産に関する詐欺事件が多いとして、不動産売買契約や抵当権設

154　第8章　ロシア企業との紛争を予防・解決する

定契約などの不動産に関する契約に公証人認証を義務付けるべきであると主張した。しかし、銀行などのビジネス界から過分な手続だとして強く反対され、最終的には義務化されなかった。

② 法人登記手続

法人登記申請には、原則、管轄登記局の窓口に直接申請書面を提出するほか、郵送することも、公証人に申請手続を依頼することもできる（法人登記法9条1項）。公証人に依頼する場合、登記地の公証人でなくともよく、申請書の申請者署名を認証した公証人が、電子文書形態で申請書面を提出する。

有限責任会社の持分譲渡登記に関する法人登記変更は、直接申請や郵送は認められず、公証人を通した手続でのみ可能である（第4章◇4(3)③「譲渡契約の公証・法人登記の変更」を参照）。

③ 総会決議の認証

2014年9月より、総会決議に認証が求められる場合が定められた（民法67.1条3項2号、3号）。非上場の株式会社では、株主総会決議に公証人による認証、または、株主名簿を管理し株主総会で集計委員会を勤めた者による認証が要請される。有限責任会社では、出資者総会決議につき、定款に他の承認方法（全所有者の署名による確認など）を定めるか、または、決議において全会一致で承認方法を定める場合を除き、公証人による認証が要請される。

2016年1月以降は、有限責任会社では、増資の出資者総会決議には必ず公証人による認証が必要となっている（有限責任会社法17条3項）。

④ 公証人を通じた情報公開

委任状：法律上、公証人による認証は委任状の有効要件ではない

◇2　公証制度の利用　　*155*

が、実務上、認証された委任状の提示を求められることは一般的
である（第2章◇1(2)「会社の代理人」を参照）。公証人が認証した
委任状は連邦公証人協会サイトにおいて公開され、2017年1月以
降、認証委任状の撤回には公証人による認証が要請されるように
なり、第三者は協会サイトを通して委任状の真偽・効力を確認す
ることができる。撤回が協会サイトに公開されると、公開日以降、
第三者は当該委任状が撤回されたことを知っていたとみなされ
る。また、2017年2月以降、認証されていない委任状も、撤回に
公証人の認証を受ければ協会サイトで公開され、上記の効果が与
えられる。

動産担保：2014年7月から、動産担保を公証人に通知し、公証人が
当該通知を登録し連邦公証人協会サイトで公示する制度が始まっ
ている。通知・公示の前に、第三者が担保物を取得したり、さら
に担保権を設定した場合、自身の担保権を主張できなくなる（第
3章◇4(2)③「動産担保の公示制度」を参照）。

所有権留保販売・ファイナンスリース：動産担保の公示制度を拡大
し、連邦公証人協会サイトにおいて所有権留保販売およびファイ
ナンスリースも公示することが、2017年7月以降に予定されてい
る。対象物件の所有権の所在を明らかにし、所有権についての第
三者との争いを減少させることを目的としている（第3章◇1「所
有権留保販売」を参照）。

⑤　出資者名簿の管理

　2017年7月以降、有限責任会社は、出資者名簿の管理機能を公証
人に委ねることができる（有限責任会社法31.1条）。この場合、出資者
は、住所など名簿登録事項を変更する場合、ロシア全国どの公証人
に変更を届け出てもよく、また、名簿謄本をどの公証人からでも取
得できる。

(2)　公証人の資格・地位

　ロシアには、独立採算制の自営公証人と、数は少ないものの、国家予算に支えられている国家公証人がいる。自営公証人は、事務所運営費も、事務所で働く法律コンサルタントらの給与も、自身の収入も、公証業務手数料で賄う。公証業務手数料は、法律で全国一律に定められており、公証人は公証業務以外の仕事で収益を上げることは認められない。そのため、地域によっては、公証人希望者が少なく公証サービスを受けにくい、または、限られた公証人による独占状態が発生する恐れがある。このような状況を防ぐため、特定地域に公設の公証役場が設けられている。公証役場で働く公証人は、自営公証人とは異なり、国から給与を受けて公証業務を行う（国家公証人）。また、業務責任を自営公証人が個人で負うのに対し、国家公証人による業務の責任は国が負う。しかし、資格要件や公証業務の効力に、自営公証人と国家公証人との間で差はない。

　公証役場制度がある一方で、過当競争を防ぐため、行政区ごとに人口数に基づき公証人定員が定められている。連邦公証人協会の2013年活動報告書によれば、自営公証人は7,635名（定員7,730名）、国家公証人は19名（定員21名）であった。国家公証人は、シベリアのトゥヴァ共和国（9名）や極東のハバロフスク地方（3名）などに配されているが、全国的に国家公証人を減らし、自営公証人を増やす方向にある。モスクワ市には国家公証人はおらず、自営公証人697名が活動している（定員703名）。

　ロシア公証人の資格要件は、高等法学教育・5年の法律業務経験を有し、司法省・連邦公証人協会が共同で実施する資格試験に合格し、25歳以上75歳以下であることである。定員制のため、資格試験に合格しても、既存の公証人が辞任などにより公証人を降りないと、公証人になることができない。公証人事務所で補佐人などとして働きながら空席を待つ。公証人の年齢が年々上がっていることを

◇2　公証制度の利用　　*157*

受けて、75歳の年齢制限が2015年1月に導入された。

◇3　ロシア裁判所での紛争解決

外国企業は、可能な限りロシア裁判所の利用を避けているが、ロシア子会社などの拠点を有し、従業員やロシア当局との間に問題が発生した場合など、最終的にはロシア裁判所で解決を図らざるを得ない場合がある。

ロシア裁判制度は、2014年8月に大きく変更され、現在、訴訟手続についての改正も議論されている。

⑴　ロシア裁判制度

ロシア裁判所は、2014年8月の制度改革前は、憲法裁判所、最高裁判所を頂点とする通常裁判所および最高商事裁判所を頂点とする商事裁判所の三系統があると説明されていた。2014年8月、最高商事裁判所の機能が最高裁判所に移され、最高商事裁判所は廃止され、現在、憲法裁判所と最高裁判所下の裁判所の二系統である。商事裁判所は廃止されておらず、最高裁判所の下に、通常裁判所と商事裁判所の二種類の裁判所が機能している。どちらの裁判所で審理されるかは、事件内容や当事者による。

商事裁判所のロシア語名称が「Арбитражный суд（Arbitrazh court)」であることから、「仲裁裁判所」と訳されることがあるが、裁判外紛争解決の仲裁と区別するため、本稿では「商事裁判所」とする。

連邦レベル裁判所	最高裁判所	
	総会、幹部会 裁判協議部（民事、刑事、行政、経済紛争、軍事）、控訴協議部、懲戒協議部	
	通常裁判所	商事裁判所
	各連邦構成主体の裁判所（共和国最高裁判所、地方裁判所、州裁判所、市裁判所など）	管区商事裁判所
	地区裁判所	控訴商事裁判所
	軍事裁判所	連邦構成主体商事裁判所
	特別裁判所（現在、なし）	特別裁判所（知的財産裁判所）
連邦構成主体レベル裁判所	治安判事	（なし）

(2) 通常裁判所での紛争解決

通常裁判所は、刑事事件、民事事件および行政事件を審理するが、民事事件・行政事件の中でも、経済活動・企業活動に関する事件は商事裁判所が審理し、通常裁判所は扱わない。

民事事件のうち通常裁判所が審理する紛争は、基本的に、一般個人が当事者となっている紛争である。たとえば、一般個人同士の紛争、労働法に関係する従業員と会社の紛争、消費者保護に関係する消費者と企業の紛争がある。

行政事件のうち、一般個人が当事者となっており経済活動に関係しない事件は、通常裁判所の管轄である。

外国判決・外国仲裁判断の承認・執行では、経済紛争や経済活動

に関しない民事事件については、通常裁判所が扱う（民事訴訟法409条以下）。

軍事裁判所は、軍務関係者に関する刑事事件・民事事件・行政事件を扱う。

治安判事という裁判所は、軽微な刑事事件・民事事件・行政事件を扱う。たとえば、当事者に争いがない場合の離婚や５万ルーブル以下の財産紛争が該当する（民事訴訟法23条１項）。刑事事件では、３年以下の自由刑の犯罪などを審理する（刑事訴訟法31条１項）。治安判事は、連邦レベル裁判所ではなく連邦構成主体レベル裁判所であるが、治安判事が審理した案件については、連邦レベル裁判所である地区裁判所に控訴することができる（一般的には、地区裁判所が第一審、連邦構成主体裁判所が控訴審を行う）。

⑶　商事裁判所での紛争解決

①　管轄

商事裁判所は、民事事件・行政事件のうち、経済紛争および企業活動・経済活動に関係するその他の事件を審理する。民事事件では、企業同士の紛争や、事業者として登記をしている個人（個人事業者）と企業の紛争、会社代表者と会社の間の紛争が該当する。

外国判決・外国仲裁判断の承認・執行では、経済紛争や経済活動に関する場合は商事裁判所が審理する（商事訴訟法32条、241条以下）。

知的財産に関する紛争は、商事裁判所の中の知的財産裁判所が審理する。法人、個人事業者のほか、一般個人が当事者となっている事案も含む。知的財産裁判所は、2013年７月から稼動している。

倒産事件についても、法人、個人事業者だけではなく、一般個人の事件、いわゆる消費者倒産についても、商事裁判所の管轄である。消費者倒産の制度は2015年10月より運用が開始されている。当初

は、2015年7月1日から施行し通常裁判所が管轄するとされていたが、2015年6月末に、施行は2015年10月に延期され、管轄は商事裁判所に変更された。

② 審級

一般的な商事訴訟を例にすると、被告企業の登記地がモスクワ市であれば、モスクワ市商事裁判所での第一審から始まる。表からは、5回も審理があるように思われるが、多くの訴訟は、第一審、控訴審、破毀審で終了する。第一審から破毀審まで、9ヶ月から12ヶ月ほどかかる。

表：一般的な商事訴訟

審級		裁判所	2016年の審理件数
法律審	監督審	最高裁判所（幹部会） 憲法の保障する権利・自由の侵害、不特定多数の人権、公の利益の侵害、法令解釈統一の侵害などを審理	（経済紛争に関する審理） 4
	第二破毀審	最高裁判所（裁判協議部） 実体法・手続法の重大な法令違反を審理	（経済紛争裁判協議部による審理） 423
	破毀審	管区商事裁判所（10ヶ所）	94,365
事実審	控訴審	控訴商事裁判所（21ヶ所）	294,279
	第一審	連邦構成主体商事裁判所（原則、各連邦構成主体に所在＊）	1,571,316

＊サンクトペテルブルグ市とレニングラード州は別の連邦構成主体であるが、一つの商事裁判所が管轄する。ネネツ自治管区は、アルハンゲリスク州商事裁判所が管轄する。

出所：最高裁判所発表統計に基づき筆者作成

第一審：第一審では、法律上、訴え受理から3ヶ月以内に審理され判決に至る（6ヶ月まで延長が認められている）。第一審判決は、判決日から1ヶ月経過後に発効する。

控訴審：第一審判決に同意できない場合、第一審判決日から1ヶ月以内に控訴することができる。控訴審では、控訴から2ヶ月以内に審理され判決が出される（6ヶ月まで延長が認められている）。控訴審判決は、判決日に発効する。

　控訴審では、第一審の事実認定を争うことはできるが（事実審）、原則、追加で証拠を提出することはできない（商事訴訟法268条）。したがって、第一審の段階で必要十分な証拠を全て出さなければならない。

破毀審：控訴審判決に不服がある場合、控訴審判決発効日から2ヶ月以内に破毀審に上訴できる。上訴から2ヶ月以内に審理される（6ヶ月まで延長が認められている）。破毀審判決も判決日に発効し、通常、最終判決となる。

　破毀審では、下級審による事実認定は争えず、下級審が認定した事実を前提として、法律の解釈・適用が間違っていると主張して争う（法律審、商事訴訟法286条）。

第二破毀審：第二破毀審は、2014年8月の裁判制度改革により追加された審級である。以前は、破毀審の上は、監督審であった。第二破毀審の導入により見直し機会が増やされたとみえるが、導入目的は、監督審への申立て件数を減らすことである。第二破毀審も法律の解釈・適用を審理するが（法律審）、実体法・手続法の重大な法令違反に限られる（商事訴訟法291.1条1項）。法律上は、「第二」という用語は使われておらず、法文上は、最高裁判所裁判協議部への破毀審申立てであるが、一度は破毀審に申し立てることが前提となっているため、「第二」破毀審と云われる。

　第二破毀審では入口審査があり、まず、第二破毀審で審理すべ

き事案か否かが審査される。2016年では、2万4,928件につき入口
審査が行われ、440件につき審理する決定が出された（2016年に審
理された案件は423件であった）。破棄審判決も判決日に発効する。

監督審：第二破毀審の判決に対しては、3ヶ月以内に監督審に不服
を申し立てることができる。監督審は、憲法の保障する権利・自
由の侵害、不特定多数の人権・経済利益、公の利益の侵害、法令
解釈統一の侵害など、非常に限られた問題を検討する審級である
（商事訴訟法308.3条）。第二破毀審同様、監督審で審理するに値する
か否かの入口審査があり、値すると認められた場合に限り審理が
始まる。第二破毀審が導入される前の2013年では、監督審の入口
審査は2万1,378件、審理は464件であったのに対し、2016年では、
入口審査は783件、実際に審理した件数は4件であった。

(4) 裁判官の資格・地位

　裁判官の任命は、最終的には各裁判所が決定するが（手続としては
大統領や議会上院が任命する）、候補者は、裁判官組織「全ロシア裁判
官会議」が組成する資格付与協議会が公募し選定し、裁判所に推薦
する仕組みになっている。協議会は最高協議会と各地域の協議会か
らなり、協議会のメンバーの多くは裁判官だが、法学研究者と大統
領の代理人も含まれる。裁判所は、欠員が生じると協議会に連絡し、
協議会が新聞や自身のサイトで公募を発表する。最高協議会のサイ
トでは、全国の裁判所所長・副所長や上級裁判所裁判官の求人情報
が数日ごとに更新されている。一般裁判官の公募は、各地域の協議
会が行う。応募期限は1ヶ月程度に設定されている。

　ある地域（A州）に所在する裁判所の一般裁判官に空席ができる
と、A州の資格付与協議会が公募し、任命手続が始まる。初めて裁
判官職に応募する者は、適正能力を証明する資料として、A州の裁
判官試験委員会が実施する試験の結果を提出しなければならない

◇3　ロシア裁判所での紛争解決　　*163*

（現役裁判官は、過去5年の取扱事件の情報を提出する）。A州の資格付与協議会も試験委員会もA州の裁判官の集まりにより選出されるが、組織としては別個独立の組織である。試験委員会委員には、裁判官、法学教員や法律家が選ばれる。

　試験問題例は、各地の試験委員会の上位組織である最高試験委員会が、最高裁判所の同意の下で策定する。理論問題、実務問題に加え、判決、執行文書や調書などの裁判手続書面の作成も出題される。通常裁判所と商事裁判所の裁判官試験の内容は異なり、商事裁判官向け試験では、商事裁判所が扱わない刑事法令や労働法令は問われない。試験結果は、試験日に、委員の単純過半数の投票により優・良・可・不可の評価で出される。受験するには、25歳以上で、修士以上の法学教育、5年以上の法律業務の経験を有していなければならない。受験者は、裁判所書記官や裁判官補佐官など裁判所で働く者が多い。

　試験の問題例や大枠の実施要綱は定められているが、実際の試験問題、実施時期・回数や持込資料などは、各地の試験委員会の裁量による。そのため、試験の難易度に地域差があり、統一的な試験の必要性が指摘されている。一方で、各地の試験委員会からは、実務問題と手続書面作成には各地の状況を反映させるべきであるとして、各地の委員会に策定権限を与えることが提案されている。地元をよく知る裁判官を望む声もあることがわかる。

　A州での試験に合格したら、公募中の裁判官ポストを一つ特定して応募する。まず、A州の資格付与協議会が審査・選定し、A州の各裁判所に推薦する。裁判所所長には、推薦を受けるか否かの権限がある。このような制度のため、所長と親戚関係を有する者は、当該裁判所の裁判官職に応募することは認められない。裁判所所長が、推薦者に同意する場合、さらに、大統領下の委員会において審査され、任命手続が進められる。

任命までには各機関による審査を通らないといけないが、一般裁判官の解任や懲罰の権限は、当該地域の資格付与協議会が有する。

公募制のためか、裁判官が比較的同一地域に留まることが予想され、また、一部からはかかる裁判官が望まれているようである。2017年5月現在の最高裁判所長官は、その職を1989年から務めている。審理を担当できる裁判官が不足する問題にも裁判官が一定地域に留まりやすい制度が影響しているようにも思われる。裁判官倫理規定では、裁判官は、割り当てられた事件が、利害関係を有している事件、大きな影響を有している事件、配偶者などの近親者が当事者となっている事件、当事者である企業・組織で近親者が働いている事件である場合、審理を回避しなくてはならないとされている。2016年12月に開催された第9回「全ロシア裁判官会議」発表によれば、審理回避は2015年で割当ての31%、2016年10ヶ月で45%であったとする。問題解決のために、特に、当事者である企業・組織で近親者が働いている事件については、利害関係がない場合は事件担当を認めるべきであるとの提案が出されている。

(5) 最上級裁判所の統合・訴訟法の統合

① 通常裁判所・商事裁判所の最上級裁判所機能の統合

2014年8月の最上級裁判所の統合は、法律解釈・適用の統一を目的としていた。

ロシアでは、裁判所の個別判決に先例としての拘束力はないが、最上級裁判所が、実際の裁判で頻繁に解釈が問題となる事項を集めて、総会決議という形で、解釈指針を示す。裁判官は、個別事件での判断において総会決議の解釈指針に拘束される。総会決議の解釈指針に基づき判決が出された後、別の総会決議が先の解釈を覆す指針を出し、先の解釈に基づく判決の見直しを認める旨を定める場

合、新しい事情・新しく判明した事情があるものとして、事件の再審が認められる（商事訴訟法311条 2 項、民事訴訟法392条 4 項）。

2014年 8 月前は、通常裁判所裁判官は最高裁判所の総会決議に従い、商事裁判所裁判官は最高商事裁判所の総会決議に従うことになっていた。最高商事裁判所は、特に2005年に新しい所長が就任して以降、法律を補完し、商事裁判所における法律の解釈・適用を統一するために積極的に解釈指針を示し、解釈指針が法制化されることもあった。しかし、同じ法律問題でも最高裁判所と最高商事裁判所が異なる解釈の総会決議を出すことがあった。たとえば、保証について、最高商事裁判所は、債務者の死亡によっても保証債務は消滅しないとし（2012年 7 月12日付最高商事裁判所総会決議第42号20項）、一方、最高裁判所は、被相続人の保証人は、保証人の同意がある場合に相続人の保証人になるとしていた（2012年 5 月29日付最高裁判所総会決議第 9 号62項）。この点、2015年 6 月に最高商事裁判所の見解に基づき法改正がなされ、現在は、立法的に解決されている（民法367条 4 項）。

これらの法律解釈・適用を統一するため、最上級裁判所が最高裁判所一つとされ、現在は、通常裁判所裁判官も商事裁判所裁判官も、最高裁判所の総会決議に従う（最高裁判所法 5 条 3 項 1 号）。これまで出された最高商事裁判所の総会決議は、同じ問題につき最高裁判所総会決議が新たに別の解釈を示すまでは有効である。

② 通常訴訟法・商事訴訟法の統合

最上級裁判所の統合に続き、訴訟法の統合も検討されている。

従前、通常裁判所の手続は民事訴訟法が、商事裁判所の手続は商事訴訟法が定めていたが、2014年末に統一民事訴訟法コンセプトが発表された（2014年12月 8 日付国会民事法令・刑事法令・商事法令・手続法令委員会決定第124(1)号承認）。通常裁判所と商事裁判所の区分は

維持しつつ、一定程度、訴訟手続に統一性を持たせるものである。
当該コンセプトの発表時、すでに個人の行政事件に関する手続法案
が国会で審議されていたが、当該コンセプトは、行政事件も含めて
統一訴訟法により審理されるべきだとしていた。しかし、行政事件
手続法は採択され、2015年9月から施行している。

　現在、通常裁判所の民事事件は民事訴訟法が、同所の行政事件は
行政事件手続法が規定し、商事裁判所が扱う民事事件および行政事
件は、商事訴訟法が定めている。訴訟法の統合の議論は現在でも続
いているが、具体的な訴訟法案は発表されていない。

◇4　ロシア仲裁機関での紛争解決

　ロシアにおいても、紛争解決方法として裁判のほかに仲裁が利用
されている。ロシア連邦商工会議所サイトの統計によれば、2014年、
同所での一般仲裁が503件、国際商事仲裁裁判所では314件であっ
た。もっとも、後述のとおり、ロシアには仲裁機関が多数あり、ロ
シア全土での仲裁件数は不明である。

　ロシア仲裁機関が出した仲裁判断をロシアで執行する場合、ロシ
アの国の裁判所に、仲裁判断を強制的に執行するための執行状を発
行してもらう必要がある。最高裁判所発表統計によれば、連邦構成
主体商事裁判所は、2016年、ロシア仲裁判断に対する執行状発行申
立てを7,324件審理し、6,160件について執行状を発行した。一方、相
手方が仲裁判断の無効を主張して国の裁判所に訴えることがある。
かかる訴えは、連邦構成主体商事裁判所では、2016年に577件が審理
され、うち105件で訴えが認められた。

◇4　ロシア仲裁機関での紛争解決　　*167*

(1)　仲裁制度の改革

　ロシアでは、裁判制度の改革と同時に、仲裁制度の整備も進められている。現在、ロシアにおける仲裁一般については2016年9月施行の仲裁法が定め（2016年9月前に開始した仲裁については第三者裁判所法が適用され）、特に国際商事仲裁については国際商事仲裁法が定めている。

　ロシア・ビジネスでは外国の仲裁制度が利用されることが多く、外国仲裁機関の利用と比較するとロシア仲裁機関の利用が低いとされる。法律ニュースサイト（pravo.ru）の2016年10月11日付ニュースによれば、ロシア連邦商工会議所の国際商事仲裁裁判所で審理される事件の大部分が、売買契約に関する、法的には複雑ではない紛争で、額も小さいという。ロシア仲裁機関での審理を増やすために、2016年にロシア仲裁制度が大きく改められた。改革が注力したのは、ロシア仲裁機関の中立性、独立性の確保、および、仲裁性が認められる紛争の明確化である。

(2)　仲裁機関の設立要件

　改革前、ロシアでは仲裁機関が乱立していた。仲裁ジャーナルサイト（arbitrage.spb.ru）は、2016年3月28日現在、ロシア全国で396機関（モスクワ市には69機関）が存在したとする。法人が設立を決議して、規則と仲裁人一覧を承認すれば仲裁機関を設立することができたためである（第三者裁判所法3条3項）。企業グループがグループ内に仲裁機関を設けることがあり、たとえば、世界最大の天然ガス会社であるガスプロムやロシア最大の石油会社であるルクオイルも、常設の仲裁機関を有していた。かかる仲裁機関の存在ゆえに、ロシア仲裁の中立性、独立性には疑問がもたれ、ロシア仲裁への信頼性が低かった。

　新しい制度では、一般企業による仲裁機関の設置は認められず、

168　　第8章　ロシア企業との紛争を予防・解決する

常設仲裁機関は非営利団体が設置でき、政府の認証が要請される（仲裁法44条1項）。ただし、ロシア連邦商工会議所下に設置されている国際商事仲裁裁判所および海事仲裁委員会は例外として認証が要請されていない。国際商事仲裁裁判所は、2017年2月より、国内仲裁および国際商事仲裁を行う機関として新仲裁制度で機能している。ロシア連邦商工会議所のほかに、2017年4月末、「Russian Union of Industrialists and Entrepreneurs (Российский союз промышленников и предпринимателей)」および「Institute of Modern Arbitration (Институт современного арбитража)」の二機関が認証を取得した。2017年5月現在、さらに20の認証申請があるという。

　ガスプロムは、グループの仲裁サイトで、1993年に仲裁機関を設立し2,000件以上を審理したと謳っていたが、現在、サイトでは、2017年3月1日から新規申立てを受け付けず、2017年8月で活動を停止すると説明している。

(3)　仲裁により解決できる紛争

　ある紛争が仲裁により解決できるかという仲裁性の問題に関しては、特に企業紛争について議論があった。企業紛争の仲裁性を肯定する明文も否定する明文もなかった中、2011年、モスクワ市商事裁判所が、ロシア株式会社の株式の売買契約に関する事案において企業紛争の仲裁性を否定した判決を出し（2011年6月28日付モスクワ市商事裁判所決定第A40-35844/11-69-311号事件）、上級裁判所でも当該判決が指示された。当該判決に対しては、仲裁性否定の根拠につき法的解釈を誤っていると批判が集まっていた。

　新しい仲裁制度では、企業紛争は、(a)仲裁が認められない紛争（商事訴訟法225.1条2項）、(b)複数の条件が備われば仲裁が認められる紛争（商事訴訟法225.1条3項）、(c)一条件を満たせば仲裁が認められる紛争に分けられている（商事訴訟法225.1条5項）。

◇4　ロシア仲裁機関での紛争解決　　*169*

⒜　仲裁性が否定されている企業紛争は、公益性の高い紛争である。当局の決定・作為・不作為に関する争い、国防上重要とされている戦略産業企業に関する争い、有限責任会社の譲渡に対する公証人認証に関する争い（第4章◇4⑶③「譲渡契約の公証・法人登記の変更」を参照）、株式会社による自己株式の取得や上場株式会社の30%超株式の取得に関する争いが挙げられている。また、ロシアの有限責任会社の出資者間では、一定の事由の下、ある出資者が他の出資者を強制的に退社させる、つまり持分を強制的に剝奪する制度があり（有限責任会社法10条）、この強制退社に関する争いも仲裁性が否定されている。さらに、株主総会・出資者総会の招集に関する争いも仲裁による解決ができない。

⒝　ロシア会社の組織内部・運営に関する紛争については、以下の条件を満たす場合に仲裁による解決が可能である。条件とは、第一に、ロシア政府の認証を受けた仲裁機関で、企業紛争に関する規則を有する機関による仲裁であること、第二に、企業の全出資者、原告、被告の全員が仲裁に合意していること、第三に、仲裁地がロシアであることである。対象紛争は、会社の設立・再編・清算に関する紛争、会社機関の構成員の任命・解任や責任に関する紛争、出資者による会社損害の賠償請求、会社が行った取引の取消し、コーポレート契約など会社運営に関する出資者間の合意から生じた紛争、会社機関決定を争う紛争がある。

⒞　ロシア会社の持分・株式の帰属や譲渡に関する紛争、有価証券所持者名簿の管理に関する紛争については、常設仲裁機関による仲裁であれば認められる。仲裁地はロシア外でもよい。ここでの「常設仲裁機関」とは、ロシアで認証を受けた機関と考えられる。したがって、ロシア法上、ロシア政府の認証を取得していない外国の常設仲裁機関はロシア会社の企業紛争を解決することができず、かかる仲裁判断をロシアで執行しようとした場合、拒否される可能性

がある。

◇5　外国裁判所での紛争解決

　外国企業は、ロシア外の紛争解決を好むが、外国裁判所での裁判が選択されることは少ない。

　ロシア外での紛争解決として外国裁判所を選択するか否かを検討する際には、ロシア企業が判決を任意に履行しない場合、判決をどの国において執行するのか（ロシア企業が財産を所有している国はどこか）、執行候補国において当該判決は執行できるのかという点に注意しなければならない。

　ロシア企業がロシアに財産を所有し、当該財産に対して強制執行する場合、ロシア裁判所で外国判決の承認・執行の手続をとらなければならない。現行ロシア法上、判決を出した裁判所の所在国とロシアとの間で、お互いの国の判決を承認・執行することを合意している二国間条約や多国間協定がある場合、または、ロシア法が特別に認める場合、外国判決がロシアにおいて承認され、また、執行されうる（民事訴訟法409条1項、商事訴訟法241条1項）。かかる条約としては、CIS諸国・元CIS諸国との間で締結されているキエフ条約やミンスク条約がある。二国間協定は、バルト三国、ポーランド、ブルガリア、ギリシャ、サイプロス、スペイン、ベトナム、アルゼンチン、エジプト、中国、キューバなどと締結されている。ロシア倒産法は、条約がなくとも、相互保証に基づく承認・執行を定めている（倒産法1条6項）。

　ロシアと特別な合意をしていない国、たとえばイギリスや日本において出された判決はロシアでは強制執行できないということになる。しかし、実務上、条約を締結していない国の判決が執行されて

◇5　外国裁判所での紛争解決　　*171*

いる例がある。ただし、裁判官の個別判断に基づき、裁判所の統一的なアプローチは確立されていない。統一民事訴訟法コンセプトは、相応の条約がない場合であっても、相互保証に基づき承認・執行が認められるべきであると主張している。

コラム：条約がない国の判決の承認・執行

　ロシアとオランダの間には条約はないが、ロシア裁判所は、2009年、オランダ裁判所判決の承認・執行を認めている（2009年12月7日付最高商事裁判所決定第BAC-13688/09号第A41-9613/09号事件）。認める根拠として、まず、商事訴訟法244条の定める承認・執行の拒否事由がないこと、ロシア憲法15条4項が一般に承認されている国際法の原理や規範がロシア法秩序を構成するとし、国際礼儀・相互保証に基づき外国判決の承認・執行が認められることを挙げている。相互保証については、オランダにおいてロシア裁判所の判決が承認されうる可能性がある旨の法律意見が提出され採用されている。さらに、ロシアでは、通常裁判所においても商事裁判所においても、条約がない場合であっても外国判決を執行している実務が蓄積されており、条約がないことが外国判決の承認・執行を妨げるものではないとも指摘している。

　ロシアは、イギリスとの間にも相応の条約を締結していないが、イギリス判決の承認・執行を認める例がある。2012年の判断では、上記オランダ案件にも触れ、ロシア法を構成する国際礼譲・相互保証に基づき、イギリス判決の承認・執行が認められた（2012年7月26日付最高商事裁判所決定第BAC-6580/12号第A40-119397/11-63-950号事件）。イギリスでは、相互保証に基づく承認・執行という形ではないが、コモンローに基づきロシア判決が執行されている。

◇6　外国仲裁機関での紛争解決

　ロシア・ビジネスでは、外国の仲裁機関、たとえば、ロンドン国際仲裁裁判所（LCIA）、国際商業会議所国際仲裁裁判所（ICC）、ストックホルム商工会議所仲裁協会（SCC）での仲裁がよく利用され、仲裁地はロシア以外が指定されていると云われる。

　ロシアはニューヨーク条約に加盟しており、他の加盟国を仲裁地とする仲裁判断は、ロシア裁判所を通して承認・執行されうる。ただし、仲裁判断の内容がロシアの公序に反する場合や、対象紛争がロシアにおいて仲裁による解決が不可能な紛争である場合、ロシアでの執行は拒絶される。たとえば、ロシア会社の企業紛争に対し外国仲裁機関が仲裁判断を出し、当該機関がロシアでの仲裁機関認証を得ていない場合、ロシアでは執行が拒絶される可能性がある（本章◇4(3)「仲裁により解決できる紛争」を参照）。ただし、かかる仲裁判断をロシアではなく別の国で執行する場合、執行国の法制度によっては執行が認められる可能性がある。

　LCIA が発表した「Statistics on the recognition of foreign arbitral awards in Russia 2014-2016」によれば、ロシアにおける外国仲裁判断の承認・執行の申立ては2015年52件、2016年29件あり、申立てが認められたのは2015年48件、2016年27件である。うち29件（2015年）、16件（2016年）は、ウクライナや CIS 諸国の仲裁機関が出した仲裁判断の承認・執行の申立てであり、どちらの年も全件が承認・執行が認められている。

●著者紹介

松嶋希会（まつしま・きえ）

アンダーソン・毛利・友常法律事務所所属。2001年弁護士登録、
2004年英国 University of Sheffield（LL.M.）修了。
2005年から2008年まで、日本政府によるウズベキスタン共和国に
対する法整備支援事業（倒産法）従事（2006年4月から2007年10
月までウズベキスタン駐在）、2010年6月から2017年4月まで、ビ
ジネスコンサルティング会社のPwCロシア・モスクワ事務所に
おいて、ロシア、カザフスタンなどCIS諸国の日系ビジネス支援。

ロシア・ビジネスとロシア法

2017年9月26日　初版第1刷発行

著　　者　　松　嶋　希　会

発 行 者　　塚　原　秀　夫

発 行 所　　株式会社　商 事 法 務
〒103-0025 東京都中央区日本橋茅場町 3-9-10
TEL 03-5614-5643・FAX 03-3664-8844〔営業部〕
TEL 03-5614-5649〔書籍出版部〕
http://www.shojihomu.co.jp/

落丁・乱丁本はお取り替えいたします。　　　印刷／侑シンカイシャ
©2017　Kie Matsushima　　　　　　　　　Printed in Japan
Shojihomu Co., Ltd.
ISBN978-4-7857-2555-6
＊定価はカバーに表示してあります。

JCOPY〈出版者著作権管理機構 委託出版物〉
本書の無断複製は著作権法上での例外を除き禁じられています。
複製される場合は、そのつど事前に、出版者著作権管理機構
（電話 03-3513-6969、FAX 03-3513-6979、e-mail: info@jcopy.or.jp）
の許諾を得てください。